DIRK STEFFENS
MARLENE GÖRING

EAT IT!

Die Menschheit ernähren
und dabei die Welt retten

PENGUIN VERLAG

Der Verlag behält sich die Verwertung der urheberrechtlich geschützten Inhalte dieses Werkes für Zwecke des Text- und Data-Minings nach § 44 b UrhG ausdrücklich vor. Jegliche unbefugte Nutzung ist hiermit ausgeschlossen.

Cradle to Cradle Certified® ist eine eingetragene Marke des Cradle to Cradle Products Innovation Institute.

Das Etikett/Die Beilage ist kein Bestandteil der erlangten C2C Zertifizierung bei GGP Media

Penguin Random House Verlagsgruppe FSC® N001967

2. Auflage
Copyright © 2023 Penguin Verlag
in der Penguin Random House Verlagsgruppe GmbH,
Neumarkter Straße 28, 81673 München
Redaktion: Ulrike Gallwitz, Freiburg
Umschlaggestaltung: Büro Jorge Schmidt, München
Autorenfotos auf dem Umschlag: © Christina Körte, Hamburg
Umschlagillustrationen: © shutterstock.com
Satz: KCFG – Medienagentur, Neuss
Druck und Bindung: GGP Media GmbH, Pößneck
Printed in Germany
ISBN 978-3-328-60321-4

www.penguin-verlag.de

Inhalt

Vorwort 7

1 Glück ist Geschmackssache:
  Wie Essen unser Leben bestimmt 11

2 Die globale Kuh: Das grenzenlose Wachstum
  unserer Ernährungsindustrie 41

3 Die Entdeckung der Mahlzeit:
  Wir essen, also sind wir 70

4 Alles hat ein Ende:
  Wie der Regenwald in die Bratwurst kommt 103

5 Zukunft jetzt:
  Weniger ist mehr und genug für alle 130

6 Ziemlich beste Freunde:
  Landwirtschaft und Natur 163

7 Zwei Seelen in der Brust:
  Wie wir handeln statt hadern 193

Vorwort

Dieses Buch ist ein Experiment.

Denn es geht darin zwar ums Essen, aber wir geben keine Ernährungstipps. Wir stellen uns in diesem Buch auch nicht auf die Seite traditioneller, ökologischer, konventioneller oder digitalisierter Landwirtschaft. Wir erzählen weder vom Paradies auf dem perfekten Bauernhof noch Horrorgeschichten aus der Massentierhaltung. Wir schwelgen auch nicht in lustigen Anekdoten über Fast Food, Slow Food, Fleischliebe oder Veganismus. All das machen wir nicht. Weil die wichtigste Frage nicht immer lautet, was wir essen. Für die Natur ist es oft viel entscheidender, wie das, was wir essen, produziert worden ist. Und welchen Wert wir ihr dabei zugestehen.

Wir möchten Sie deshalb auf eine Erkundungsreise einladen. Rund um den ganzen Planeten folgen wir den Verbindungen der globalen Nahrungsmittelindustrie und landen am Ende doch immer wieder bei uns selbst. Denn über unser Essen sind wir mit der ganzen Welt verbunden, auf tausendfache Weise, über unseren Bauch, unsere Kultur und unsere Geschichte.

Noch nie waren wir so erfolgreich darin, die Menschheit zu ernähren. Gleichzeitig lässt unser Essen Regenwälder brennen, verwüstet Land und Boden, und immer noch hungern Menschen. Eine verstörende Erkenntnis: Ausgerechnet die Produktion von Nahrungsmitteln, unserem wichtigsten Gut, ist das größte Umweltproblem von allen. Nichts belastet die Erde so wie unser Essen.

Zum Glück muss das nicht so sein. Wir könnten die Erde sogar gesund essen. Wir brauchen dafür aber eine neue Landwirtschaft und eine andere Nahrungsindustrie. Dafür reicht es nicht aus, mit dem Finger auf Politik, Industrie und Handel zu zeigen.

Denn unsere alltäglichsten Entscheidungen verbinden uns heute mit den entferntesten Ecken der Welt. Das ist etwas Gutes, auch wenn es bedrohlich scheinen mag, denn es gibt uns Macht. Wir können sie nutzen, indem wir Verantwortung übernehmen. Jeder und jede Einzelne und als Gemeinschaft der Menschen. Der erste Schritt ist, sich darauf einzulassen. Alte Gewissheiten hinterfragen und versuchen, die Welt mit anderen Augen zu sehen.

Dieses Buch ist auf noch eine andere Art ein Experiment. Sie werden darin zwei »Ichs« finden, was nicht auf eine gespaltene Autoren-Persönlichkeit zurückzuführen ist, sondern auf gleichberechtigtes Teamwork. Weil wir meinen, zusammen mehr zu sein als allein, wollten wir beide unsere ganz persönlichen biografischen und journalistischen Erfahrungen einfließen lassen, uns aber nicht hinter einem unbestimmten »man« verstecken. Wenn Sie aufmerksam lesen, werden Ihnen daher hin und wieder Widersprüche in der Biografie dieses Doppel-Ichs auffallen. So ist es in unterschiedlichen Jahrzehnten in Jena und Asselermoor aufgewachsen, hier als Frau, dort als

Mann. Manchmal werden Sie eindeutig erkennen, wer hier gerade spricht; manchmal sicher auch nicht. Womöglich entdecken Sie auch einfach sich selbst darin wieder. Das passt doch sehr gut: Wenn die Grenzen zwischen »ich« und »du«, »wir« und »ihr« bei einem Thema verschwimmen, dann beim Essen. Denn es verbindet uns alle zu einem milliardenfachen Ich im globalen Netz der Nahrung.

1

Glück ist Geschmackssache
Wie Essen unser Leben bestimmt

Durch den grauen Morgen an diesem grauen Tag in dieser grauen Woche schwebt plötzlich ein bisschen Glück. Unsichtbar und schwerelos kommt es daher und malt sonnige Sonntagmorgen-Fantasien in meinen Kopf.

Dieser Duft!

Für einen Moment habe ich den süßen Geschmack von frischen Brötchen im Mund. Fühle mich versetzt an einen üppig gedeckten Frühstückstisch, spüre das Licht und die Wärme – dabei ist dieser Tag fahl und kalt und abweisend. Und es ist auch nicht Sonntag, sondern Mittwoch. Im November. Es regnet. Ein Scheißtag. Eigentlich.

Aber Glück kennt mehr als eine Realität. An diesem ungemütlichen Tag reichen ein paar flüchtige organische Moleküle, die den Weg aus der Bäckerei in meine Nase finden, um alles zu verändern. Sie lösen eine biochemische Kettenreaktion aus und verwandeln Grau in Gold.

In unseren Nasen sitzen Millionen Riechzellen, die Gerüche in elektrische Impulse umwandeln und sie dann, bis zu tausendfach verstärkt, direkt ins Hirn feuern, wo sie Erinnerungen und Gelüste wecken. Alle anderen Sinneseindrücke müssen noch weitere Nervenzellen passieren, sie werden gefiltert. Nur Gerüche erreichen ungehindert den Nucleus accumbens, unser »Lustzentrum«, das tief vergraben im Vorderhirn vor sich hindämmert, bis irgendein Impuls es scharf macht. Wird das kleine, runde Ding gereizt, flutet Dopamin die grauen Zellen und weckt Vorfreude und Hoffnung – wir fühlen ein mächtiges Vor-Glück, wir wittern, was wir wirklich wollen. Wenn es erst einmal so weit gekommen ist, sind wir kaum noch zu halten.

Für unsere Vorfahren waren gesunde Instinkte im täglichen Überlebenskampf unverzichtbar. Wer den Tiger nicht sieht und die Frucht nicht riecht, wird gefressen oder verhungert. Er scheidet unverzüglich aus dem Spiel des Lebens aus. Darwins Regelbuch kennt da keine Ausnahmen.

Dabei sind von all den Sinneseindrücken, die wir aufnehmen, Gerüche womöglich die wirkmächtigsten. Nichts macht uns so wuschig wie der Duft von leckerem Essen. Denn der führt uns zur Nahrung, zur Quelle des Überlebens also. Der Duft, der aus Bäckereien auf die Gehwege strömt – und oft sogar ganz absichtlich dorthin geleitet wird –, ist besonders reizvoll: Er verspricht Süßes, und nichts verführt uns leichter.

Als ich einmal mit ein paar Leuten vom Hadza-Nomadenvolk in Tansania unterwegs war, hat mir der Hunger auf Süßes beinahe den Hals gebrochen. Jäger- und Sammler-Gesellschaften im südlichen Afrika ernähren sich bis heute so ähnlich wie Frühmenschen: Sie leben vorwiegend von Früchten, Knollen und etwas Fleisch. Die Natur liefert ihnen das alles in ausreichender Menge.

Permanenter Mangel herrscht bei den Hadza allerdings an bestimmten Kohlenhydraten, die vom Körper direkt in Energie umgewandelt werden können: Zucker. Der wird von unserem Verdauungssystem blitzschnell aufgenommen und übers Blut genau zu den Zellen gebeamt, die gerade viel Energie brauchen. Wenn Sie dieses Buch lesen, verbraucht Ihr Gehirn dabei Kohlenhydrate, bis zu 140 Gramm reine Glukose pro Tag etwa. Wenn Sie in der Savanne vor einem Löwen weglaufen, befeuert Glukose die Waden- und Oberschenkelmuskulatur und verbessert Ihre Chancen zu entkommen. Kein Wunder, dass wir zuckersüchtig sind. Jahrtausende des Jagens und Laufens und Kämpfens und Denkens haben uns den fast unwiderstehlichen Trieb eingebrannt, uns bei jeder Gelegenheit den gesamten verfügbaren Süßstoff sofort einzuverleiben.

Den Appetit auf Zucker können wir in den Industrieländern nahezu anstrengungslos befriedigen – Mars, Snickers, Milka & Co sind jederzeit verfügbar. In der Savanne ist Zucker aber streng rationiert, Süßkram gibt es nur in Form von reifen Früchten oder Honig. Bei den Hadza wollte ich naiverweise bei der Zuckerernte mithelfen. Wenig später fand ich mich in schwindelerregender Höhe auf einem Baum wieder, in der einen Hand eine qualmende Fackel, die andere tief in einem Bienenstock vergraben. Anders als vorgesehen, betäubte der Fackelqualm die wütenden Wildbienen leider nicht. Gerade als ich mich fragte, ob es wirklich schlimmer wäre, aus 20 Metern Höhe abzustürzen, als die Hand noch länger im Astloch zu lassen, bekam ich eine Wabe zu fassen, schleuderte sie vom Baum und begann panisch mit dem Abstieg, der beinahe zu einem Absturz geworden wäre. Als ich unten ankam, war die

Laune der Hadza blendend, der Honig aber fast schon weg: Sie hatten ihn sofort verschlungen. Und die Waben gleich mit.

Wenn die richtigen Reize auf die richtigen Rezeptoren treffen, wird unsere Selbstbeherrschung auf eine harte Probe gestellt. Der oberste Bedenkenträger in unserem Kopf, der präfrontale Cortex, hat es dann schwer, das Resthirn zur Vernunft zu bringen. Im Zentrum des kognitiven Kontrollnetzwerks unseres Gehirns soll er eigentlich dafür sorgen, dass wir nicht immer gleich jedem Impuls nachgeben, weil die Folgen unangenehm, schmerzhaft oder sogar tödlich sein könnten. Aufgeschreckte Säbelzahntiger, giftige Beeren, vor Eifersucht rasende Menschen oder ein Sturz vom Honigbaum können den Marsch der Gene durch die Generationen abrupt beenden – deshalb hat die natürliche Selektion Hominiden bevorzugt, die ein gesundes Maß an Vorsicht, Skepsis und Nachdenklichkeit mitbringen. Menschen, die abwägen.

Aber wer hört schon auf den langweiligen präfrontalen Cortex, wenn der Nucleus accumbens gerade »Hyper! Hyper!« schreit? Ich jedenfalls nicht. Noch ein tiefer Atemzug, noch ein bisschen mehr von diesem verführerischen Duft – plötzlich stehe ich in der Bäckerei und höre mich sagen: »Zwei Franzbrötchen, bitte.« Mit der Diät kann ich morgen auch noch anfangen.

»Der Mensch ist, was er isst«

Den berühmten Satz, nachdem wir sind, was wir essen, hat Ludwig Feuerbach geprägt. Der im 19. Jahrhundert lebende

Philosoph stellte sich damit gegen seine Kollegen wie Kant und Hegel, die den Verstand über alles andere im Menschen setzten. Feuerbach sah das anders. Denn wie sollen wir denken, ohne vorher gegessen zu haben? Nicht Seele oder Geist herrschen über uns, sondern der Magen, schließlich hausen die intellektuellen und emotionalen Fähigkeiten eines Menschen in einem Körper mit Sinnen, der ganz eigene Ansprüche hat. Ob Sonnenstrahlen auf der Haut, eine Gehaltserhöhung, neue Schuhe, Komplimente, Chopins Klavierkonzerte, Fußreflexzonenmassagen, das Tor des Monats oder die perfekte Welle – nichts davon macht glücklich, wenn gleichzeitig der Magen knurrt. Den Hunger zu stillen, schenkt uns deshalb die allertiefste Befriedigung. Satt zu sein, ist die Voraussetzung für alles andere.

Nichts gegen Kant, aber der jeglichen Sinnesfreuden eher abgeneigte Denker begann jeden Tag zu nachtschlafender Zeit mit einem Löffel Wasser-Wein und war einem Philosophenkollegen zufolge »ein Genie der Pedanterie und Pünktlichkeit«. Was soll man von so einem erwarten?

Verfolgen wir die Spur der Nahrung, erzählt sie uns viel darüber, wer wir wirklich sind. Essen ist das erste Bedürfnis, das wir in unserem Leben kennenlernen. Und es ist untrennbar verbunden mit einem zweiten Grundbedürfnis: anderen nah zu sein. Die allererste Mahlzeit saugen wir wortwörtlich mit der Muttermilch auf, in den Armen unserer Eltern. Essen versorgt unseren Körper und bestimmt über unsere Gefühle. Der Charakter eines Menschen zeigt sich daran, ob er sich die Lieblingsbissen auf dem Teller aufhebt oder alles auf einmal in sich hineinschaufelt. Religionen verbieten wahlweise Schwein oder

Rind und stellen eine Menge weiterer komplizierter Ernährungsregeln auf, weil das angeblich gut für die Seele sein soll.
Man kann Essen als Waffe benutzen oder darin seine Heimat wiederfinden, sich mit Bier und Brezel zu Hause fühlen. Frei nach Feuerbach: Nahrung ist die Essenz unserer Existenz. Sie durchdringt unser Menschsein und unser Verhältnis zur Welt.
Mit diesem Buch möchten wir Sie einladen, diesem alltäglichsten aller Dinge genauer nachzuspüren. Egal, ob man von Kultur, Psychologie, Religion oder über das Wirtschaftssystem spricht – am Ende langt man immer wieder beim Thema Essen an. Es wird darum gehen, wie unsere Ernährungsweise erst uns Menschen hervorgebracht und dann die Erde verändert hat, so sehr, dass sie nun kurz vor dem Kollaps steht. Wir schauen uns auch an, was wir dagegen tun können. Es lohnt sich zu verstehen, wieso unser Ernährungssystem vielleicht die größte Erfolgsstory der Menschheit ist – und warum nun ausgerechnet unser eigener Erfolg den Planeten umzubringen droht. Aber um dorthin zu gelangen, fragen wir uns zuerst, was das eigentlich ist: Essen. Denn nur was man wirklich versteht, das kann man auch ändern.

Vom Brot zum Kot

Wenn wir uns ein Stück Brot in den Mund schieben, beginnt in unserem Körper ein gut einstudiertes Theaterstück, in dem kein Teil nur Zuschauer bleibt. Speichel läuft zusammen, das Herz schlägt schneller, die Körpertemperatur und der Blutdruck steigen. Nervenzellen feuern und Hormone schießen durch unsere Blut- und Lymphbahnen. Bis das Brotstückchen irgendwann in der Toilette landet, durchwandert es viele Organe, und noch mehr sind indirekt beteiligt. Was in unserem Verdauungstrakt passiert, kann man dabei in zwei Grundprinzipien aufteilen: Mechanik und Chemie.

Mit den Zähnen zerkauen wir das Brot, zerkleinern es also. Gleichzeitig spaltet der Speichel bereits Stärke auf. Der Brotbrei wandert danach durch An- und Entspannung der Muskeln weiter durch die Speiseröhre in den Magen, wo Enzyme und Säure das Brot in seine Bestandteile zersetzen. Die muskulösen Magenwände mixen den Brei und schieben ihn weiter in den Dünndarm. Dort nehmen wir endlich auch Nährstoffe auf. Dabei helfen Zutaten, die teils aus dem Dünndarm selbst, teils aus ganz anderen Organen kommen. Die Leber etwa steuert Galle bei, die zuvor in der Gallenblase zwischengelagert wurde. Sie ermöglicht die Aufnahme von Fetten und einigen Vitaminen. Aus der Bauchspeicheldrüse schießen Enzyme durch winzige Röhren in den Dünndarm, die das Brot weiter in Stärke, Fette und Proteine aufspalten. Mit dem Brotstück vom Anfang hat die Masse nicht mehr viel gemeinsam, wenn sie schließlich in den Dickdarm gelangt. Der saugt noch einmal alles heraus, was der Körper irgendwie verwenden kann, die restlichen Nährstoffe, Vitamine, Mineralien und das Wasser. Den mehr oder weniger ausgetrockneten Rest presst dann unser Anus wieder in die Welt hinaus.

Damit dieser ganze Prozess funktioniert, sind aber noch viele andere Teile unseres Körpers beteiligt: Hormone teilen uns mit, wann wir satt sind. Der Blutkreislauf transportiert die

Nährstoffe dorthin, wo sie gebraucht werden. Die Energie daraus lässt uns nicht nur atmen und laufen, sie sorgt auch dafür, dass wir neue Zellen bauen oder kaputte reparieren können. Der Überschuss wird in Fettgewebe gespeichert, wo wiederum Hormone gebildet werden.

Essen und Verdauen sind enorm komplexe Vorgänge, und wir haben sie noch lange nicht durchschaut. Ihre Liebe zum Darm hat die Wissenschaft sogar erst vor Kurzem entdeckt. So wissen wir jetzt, dass an dessen Wänden Zellen sitzen, die selbst schmecken können, genau wie die Zunge: nämlich süß, salzig, bitter, sauer und umami, also herzhaft. Außerdem bestimmen die Mikroben in unserem Darm, die ja eigentlich gar kein Teil des Körpers sind, sondern ihn bevölkern wie Hyänen die Savanne, unser Essverhalten. Es ist fast ein bisschen gruselig: Die winzigen Lebewesen produzieren Substanzen, die Hormonen wie Dopamin und Serotonin ähneln, und entscheiden dadurch mit, ob wir uns satt und glücklich oder hungrig und genervt fühlen.

Kant hatte von alldem keine Ahnung. Dass der hochsensible Darm das menschliche Verhalten womöglich stärker beeinflusst als der kategorische Imperativ, hätte den großen Denker sicher sehr verstört.

Das Gehirn steuert den Darm, und der gibt Signale nach oben zurück, die beiden sind gut miteinander verdrahtet. Hier wird es kompliziert, denn jetzt kommt die Psyche ins Spiel – und das grenzt an Magie.

Lange Zeit haben Forschende aufwendig versucht herauszufinden, in welchem Areal unseres Gehirns die Ernährung gesteuert wird. Die Antwort: nicht in einem, sondern in vielen!

Der Würzburger Psychologe Michael Macht vergleicht das Gehirn mit einem Haus mit mehreren Etagen. Im Erdgeschoss liegen die Bereiche, die unseren Körper gerade so funktionstüchtig halten: Atmung, Herzschlag, Verdauung und einfache Bewegungen werden hier reguliert. Ein Stockwerk darüber befindet sich das Zwischenhirn, wo die Signale aus unserer Umgebung und unserem Hormonsystem ankommen. Es leitet die Informationen weiter in die zweite Etage mit den beiden Großhirnhälften und dem limbischen System. Dort wohnen unsere Gedanken und Erinnerungen, unsere Fähigkeiten und Gefühle.

Hunger ist eine der fürchterlichsten Empfindungen, die man erfahren kann. Schon wer nur ein Hüngerchen hat, kann sich schlecht konzentrieren und ist gereizt. Fehlt Glukose, fällt die Selbstkontrolle schwerer, und man reagiert schneller aggressiv. Die Füße und Hände werden kalt.

Nimmt man länger zu wenig Nährstoffe zu sich, muss also wirklich hungern, fallen die Haare aus, die Haut verfärbt sich und bildet Geschwüre, das Atmen fällt schwer. Hunger wird zum Schmerz, der den ganzen Körper durchzieht – bis man gar nichts mehr fühlt.

Wir müssen essen, weil wir sonst leiden, körperlich und psychisch. Aber auch der Alltagshunger, der nichts mit Hungern zu tun hat, ist wichtig für unsere Gesundheit: Indem wir mal Appetit auf dieses und dann wieder auf jenes haben, sichert unser Körper die Balance aus Nährstoffen, das ist ein natürliches Grundprinzip und rein biologisch. Nur: Wir essen auch, wenn uns gar keine Nährstoffe fehlen.

»Der menschliche Körper hält den Mangel recht lange aus.

Die Psyche aber will ihn gar nicht erst entstehen lassen«, schreibt der Ernährungspsychologe Michael Macht in seinem Buch *Hunger, Frust und Schokolade*. Die untere Einheit des Essgehirns im Hypothalamus und Hirnstamm sorge ständig für das Gleichgewicht zwischen Energieaufnahme und -verbrauch. Die letzte Entscheidung, ob und wie viel wir in einer bestimmten Situation essen, werde jedoch in den höher liegenden Strukturen des Gehirns getroffen.

Wer einmal ein Gericht aus seiner Kindheit als Erwachsener gerochen hat, der weiß auch ohne Forschung: Essen ist viel mehr als ein Grundbedürfnis oder Urtrieb. Wenn man einen Geschmack wiedererkennt, die vertraute Textur auf der Zunge spürt, die glänzende rote Farbe von Nudeln mit Mamas Tomatensoße (ohne Stückchen) oder Omas Erdbeerkuchen (mit Stückchen) sieht, dann entstehen Empfindungen, die weit über Hunger hinausgehen.

Gefühle im Bauch, hungrig im Kopf

Hunger kann man fühlen, aber er gehört nicht zu den vier Grundemotionen Angst, Wut, Trauer und Freude. Trotzdem ist er mit jeder dieser Emotionen und noch vielen anderen verbunden. Das hat einen biologischen Zweck: Überleben wird erst durch Gefühle zum existenziellen Drang. Hat eine Maschine keinen Saft mehr, ist ihr das egal. Sie geht einfach aus. Ein Körper aber will ganz unbedingt leben. Einige Forschende glauben, dass man echte Künstliche Intelligenz nur erschaffen kann, indem man ihr einen Körper mit Sensoren verpasst.

Damit sie die Welt nicht nur berechnet, sondern auch spürt, weil nur Emotionen einer stumpfen Existenz ein Bewusstsein schenken können. Vielleicht könnte eine Maschine, die Hunger oder Schmerz erlebt, auch Gefühle entwickeln – und damit echte Intelligenz.

Nicht nur der Hunger, auch der Akt des Essens und das Sattsein danach machen Gefühle. Wir riechen und schmecken und freuen uns an einer Mahlzeit. Danach liegen wir platt und glücklich auf dem Sofa. »Nach einem trefflichen Mittagessen ist man geneigt, allen zu verzeihen«, sagte Oscar Wilde. Eine israelisch-amerikanische Studie belegt das. Über 1000 richterliche Entscheidungen wurden untersucht, bei denen es darum ging, ob ein Delinquent auf Bewährung freikam oder zumindest Hafterleichterungen gewährt wurden. Kurz nach einer Mahlzeit zeigten sich die Richter und Richterinnen in 65 Prozent aller Fälle gnädig. Je länger das letzte Essen zurücklag, desto unnachgiebiger wurden sie, bis sie schließlich alle Anträge ablehnten. Erst nach einer weiteren Mahlzeit wurden sie dann wieder großzügiger. Direkt nach einem Gericht sind vor Gericht die Chancen auf ein mildes Urteil also am besten. Justitia hat zwar verbundene Augen, aber keinen abgeschnürten Magen.

Gefühle kommen tatsächlich aus dem Bauch. Ist er voll, sind wir entspannt und friedlich. Studien haben gezeigt, dass energiereiche Nahrung besonders glücklich macht. Schließlich ist viel Energie fürs Gehirn erst einmal eine gute Nachricht. Wahrscheinlich ist das auch der Grund, warum wir uns bei Stress am liebsten Pizza, Chips und anderes *comfort food* reinschieben, das viele Kalorien und Kohlenhydrate hat.

Was wir vorhin gegessen haben, bestimmt sogar mit, was wir nachher essen wollen. Auch das hat physiologische Gründe: Bei einer Untersuchung von Forschenden der Universität Basel bekamen zwölf Männer über eine Nasensonde 300 Milliliter Flüssigkeit in den Magen gepumpt. Die enthielt entweder 75 Milligramm Glukose, 25 Milligramm Fruktose oder nichts von beidem. Die Forschenden analysierten dann, wie viele Sättigungshormone ausgeschüttet wurden und welche Hirnareale auf die Signale aus dem Darm reagierten.

Glukose machte die Männer satt und voll und regte ihr Belohnungszentrum an, ganz wie erwartet. Die Forschenden hatten damit gerechnet, dass die Fruktoselösung einen ähnlichen, wenn auch nicht so starken Effekt haben würde – aber das Gegenteil war der Fall. Diese Teilnehmer waren sogar hungriger als vorher, und ihr Belohnungssystem zündete kaum. Das kann zum Problem werden: Fertigprodukte und Getränke werben heute damit, dass sie Fruktose statt normalem Zucker enthalten, weil das nach Frucht und gesund klingt. Ist es aber nicht: Die Fruktose stammt oft aus industriell hergestelltem Maissirup. Und heizt den Appetit auf Junkfood sogar noch weiter an.

Schuld daran sind die Signale, die der Bauch dem Gehirn sendet. Aber nicht alle unserer Ess-Gefühle sind angeboren und erfüllen eine evolutionäre Funktion, etwa um gefährliche Nahrung zu vermeiden oder unseren Hunger zu regulieren. Andere lernen wir erst mit der Zeit. In den sozialen Medien haben Eltern Spaß daran, Videos von »Babys erster Zitrone« zu posten: Schon die Kleinsten ziehen eine Grimasse, wenn sie Bitteres oder Saures schmecken. Den Ekel vor labberigem

Brokkoli oder komischem Thai-Food kennen Kinder aber erst ab einem Alter von etwa vier Jahren.

Was wir essen, wird also auch bestimmt von den Eigenschaften unserer Psyche: Erfahrungen, Vorlieben, Gewohnheiten. Ess-Gefühle entstehen auf ganz unterschiedlichen Ebenen: von den Signalen aus dem Darm, wenn wir Hunger haben oder ihn stillen, bis hoch ins Obergeschoss unseres Gehirns, das sich so lebhaft an Omas Erdbeerkuchen erinnert.

Lassen Sie uns an einem Stück Schokolade anschauen, wie das funktioniert: Ich fühle mich unglücklich, was mein Körper ändern möchte. Also breche ich einen Brocken von der Tafel ab. Das Knacken erinnert mich an meine Kindheit, als ich Schokolade bekam, wenn ich etwas besonders gut gemacht hatte. Im Mund schmecke ich die cremige Süße, schon das reduziert den Stress. Mein Verdauungstrakt signalisiert, dass jetzt Energie kommt, was meinen Körper freut. Die ausgeschütteten Hormone dämpfen den Stress, und der Kakao in der Schokolade aktiviert Glückszentren im Gehirn. Ich fühle mich glücklich – falls ich nicht gegen meine Diät verstoßen habe und gleich wieder ein schlechtes Gewissen bekomme. Vielleicht teile ich die Tafel Schokolade in diesem Moment auch mit einer Freundin, was mich noch zufriedener macht.

In den USA dürfen sich zum Tode Verurteilte eine letzte Speise wünschen. Eine Zeit lang veröffentlichte der US-Bundesstaat Texas die Henkersmahlzeiten sogar auf einer eigenen Homepage. Hier eine kleine Auswahl aus den 331 gesammelten Gerichten:

- ein »einfaches Käsesandwich«

- zwei Kartons Frosted Flakes und eine Packung Milch
- ein Apfel, ein Glas Dillgurken, frisch gepresster Orangensaft
- frittierte Hühnerbeine, eine Schale Chili, eine Schale Käse, fünf Brötchen, zwei Tüten Chips der Geschmacksrichtung Barbecue und ein Sechserpack Coca-Cola

Kurz vor ihrem Tod wünschten sich die Menschen keinen Kaviar oder Trüffelpasta oder Kobe-Rind – nichts Luxuriöses, sozusagen als letzte Chance zum Probieren. Sie suchten Zuflucht in einfachen Lebensmitteln, die sie mit Erinnerungen, manchmal ihrer Kindheit verbanden. Oft gaben die Verurteilten sehr genaue Anweisungen, wie ihr letztes Mahl zubereitet werden sollte. Vielleicht genau in der Art, wie einst die Mutter das Käsesandwich in der Pfanne gebraten hatte.

Seit 2011 bekommen Inhaftierte in Texas als einzigem US-Bundesstaat mit Todesstrafe keine Henkersmahlzeit mehr. Der damalige Senator verbot diese Geste, nachdem der Mörder Lawrence R. Brewer sich erst ein ausgiebiges Mahl bestellt hatte (zwei frittierte Hühnersteaks, getunkt in Sauce und Zwiebeln; einen dreifachen Bacon-Cheeseburger mit Beilagen; ein Käseomelette mit Hack, Tomaten, Zwiebeln, Paprika und Jalapeños, eine große Schüssel gebratene Okra mit Ketchup; ein Pfund Grillgut mit einem halben Weißbrot, einen halben Liter Vanilleeiscreme von Blue Bell mit einem Schuss Erdnussbutter-Karamell und Erdnüssen) – und sich dann weigerte, es zu essen, mit den lapidaren Worten, er habe keinen Hunger.

Die meisten Verurteilten fanden im Essen Trost – oder wie Brewer einen Weg, ein letztes Mal aufzubegehren.

Essen kann eine riesige Vielfalt an Gefühlen auslösen: Neid, Trotz, Ekel, Wut, Scham, aber auch Freude, Lust, Zusammengehörigkeit, Glück. Andersherum entscheidet unser Gemütszustand mit darüber, was wir essen. Diese Gefühle sind großartig: Sie schenken uns die Möglichkeit, mit uns selbst klarzukommen und mit der Welt um uns herum in Kontakt zu treten. Durch sie verlässt Essen die rein körperliche Ebene – und wird zu einem Gewebe, das unser Leben zusammenhält.

Eine Frage der Erziehung

Schon von Kindesbeinen an ist Ernährung eine höchst soziale Angelegenheit. Das ist nicht nur beim Menschen so: Wenige Tiere wissen nach der Geburt rein instinktiv, welche Nahrung gut für sie ist. Sie müssen es lernen. Geparden schleppen verletzte Beute zu ihrem Wurf, damit der Nachwuchs an ihr das Jagen übt. Erdmännchen zeigen ihren Jungen, wie sie vor dem Fressen die giftigen Stacheln von Skorpionen entfernen. Und Orang-Utan-Kinder brauchen Jahre, bis sie sich von ihren Müttern abgeschaut haben, welche Pflanze man pflücken kann und wo sie zu finden ist oder wie man Termiten mit Stöckchen aus ihrem Bau angelt.

Menschliche Eltern machen ihrem Nachwuchs ebenso vor, was man essen kann und was nicht. Sie sagen »Pfui« oder »Iiiihh«, wenn sich das Kind Sand in den Mund steckt, aber auch, wenn es nach Keksen mit Ketchup verlangt. Sie mahnen, dass man Messer und Gabel richtig zu halten und den Ellenbogen nicht auf den Tisch zu legen hat. Anders als bei den

Orang-Utans und ihren Stöckchen-Angeln hat das in der Regel keinen evolutionären Vorteil. Es soll uns zu anständigen Mitgliedern der Gesellschaft machen.

Nicht umsonst essen wir in Gesellschaft bis zu doppelt so viel wie ohne. Den Grad einer Freundschaft messen wir daran, ob wir nur ab und zu einen Kaffee oder ein Bier zusammen trinken gehen oder ob wir auch gemeinsam essen – vielleicht sogar im eigenen Heim. Wir achten darauf, wenigstens einmal am Tag eine Mahlzeit gemeinsam mit Eltern, Kindern oder Geschwistern einzunehmen. Unsere Familien und engsten Freunde binden wir ein in ein Geflecht aus Festessen, denn nichts anderes sind Hochzeiten, Geburtstage, Taufen und Beerdigungen. Das ganze Leben hindurch.

Knallharte Regeln begleiten unsere Mahlzeiten. Es gibt eine Gabel für Fisch, für Dessert und für normal, und sie soll immer links neben dem Teller liegen – außer sie ist das einzige Besteck, dann liegt sie rechts. Mit dem Messer ist es auch nicht einfacher, das darf man nicht mal zum Mund führen. Und bitte nicht die Pasta mit dem Löffel reinschaufeln! Der darf nur in Suppe oder Pudding getunkt werden, sonst gilt er als unfein.

Komisch eigentlich – schließlich isst die überwältigende Mehrheit der Weltbevölkerung bis heute mit der Hand. Eine zweite Gruppe nimmt Stäbchen, sie ist etwas größer als die der Gabelesser. Die benutzen Menschen sowieso erst seit etwa 300 bis 400 Jahren zum Essen, das Stäbchen dagegen schon zehnmal so lange.

Im Mittelalter kam in Europa einfach eine große Schüssel auf den Tisch. Die Teller bestanden aus einer alten, harten Brotscheibe, auf die man die festen Teile der Mahlzeit legte, die man bei Bedarf noch einmal mit dem Messer zerschnitt. Das Flüssige saugte die Brotscheibe auf, oder es wurde direkt aus Schüsseln geschlürft. Später aßen die Menschen gemeinsam aus einem Topf mit Fingern und Löffel, den sie sich dabei oft auch noch teilten. Bis ins frühe 20. Jahrhundert hat man in manchen ländlichen Gegenden des Kontinents so gegessen. Über die ersten Gabelesser hat man sich dagegen lange lustig gemacht.

Genauso wenig wie Besteck ist es gegeben, dass sich Menschen zu einer Mahlzeit gesittet auf Stühlen um einen Tisch herum versammeln. Wir können genauso gut auf dem Boden sitzen, wie es in vielen Ländern der Erde normal ist – oder sogar liegen: Die Griechen und Römer hatten in ihren Häusern Speiseliegen statt Stühle und Tische. Aufgestützt auf dem linken Ellenbogen, ruhten sie langgestreckt darauf und aßen mit der rechten Hand von ihren Tellern. In den Ruinen von Pompeji sieht man in den feinsten Wohnhäusern solche Bänke, im Rechteck angeordnet um eine Plattform, auf der das Essen serviert wurde.

Was für den einen völlig selbstverständlich ist, wirkt auf den Nächsten absolut unanständig – und das legt allein die Kultur fest, der ein Mensch angehört. Die Gemeinschaft diktiert, was richtig ist; die Eltern vermitteln es ihren Kindern. Der Sozialwissenschaftler Norbert Elias (1897–1990) beklagte sich darüber, dass man in Europa immer mehr verwirrenden Benimmregeln folgen müsse. Ein Beispiel: In seiner Jugend sollte man in Deutschland die Suppe von der Löffelseite schlürfen – in England aber von der Spitze. Und das, obwohl die beiden Länder gar nicht so weit voneinander entfernt liegen.

Elias machte dafür die Zivilisation verantwortlich, die den

Menschen von seinen Trieben entfernen wolle, indem sie ihm Peinlichkeitsgefühle beibringe. Mit rationalen oder hygienischen Gründen habe das Ganze nichts zu tun.

Dabei kann es schlimmere Konsequenzen als gerümpfte Nasen und abschätzige Blicke geben, wenn man sich nicht an die Tischregeln hält. Der Glühbirnenerfinder Thomas Edison soll Jobanwärter bei einem Essen getestet haben: Salzten sie nach, ohne die Speise davor probiert zu haben, stellte er sie nicht ein. In seinen Augen machten solche Leute Annahmen, ohne sie vorher zu überprüfen – keine gute Eigenschaft für einen Erfinder. Im mittelalterlichen China wurde ein Minister nach einem Festmahl mit dem Kaiser entmachtet, weil er aus Versehen vom Fischfutter genascht hatte. Und die kühle Beziehung zwischen Großbritannien und Tibet soll ebenfalls auf ein Bankett zurückgehen: Der englische Gesandte ließ nämlich alle Gänge gleich wieder abräumen, weil die hohen Gäste aus Lhasa sie ablehnten. Nach dem Verständnis der Tibeter hätte er sie aber mehrmals anbieten müssen, um höflich zu sein. So blieben alle hungrig.

Gott sagt: Ihh, esst das nicht!

Wie wir essen sollen, kann ganz schön kompliziert sein – die Regeln, *was* wir essen sollen, aber auch. Die strengsten und ausführlichsten, die bis heute eine Bedeutung im globalen Norden haben, stehen im Alten Testament. Im Judentum sind sie Teil der Thora, in der evangelischen Bibel stehen sie im 3. Buch Mose. »Du sollst nichts essen, was dem Herrn ein

Gräuel ist.« Seitenlang wird dort beschrieben, welche Tiere man essen darf und wie sie zuzubereiten sind. Das geht: Rind, Schaf, Ziege, Hirsch und Antilope. Das geht gar nicht: Schwein, Hase, Klippschliefer. Die Erklärung liefert Gott gleich mit: Nur die Tiere sind zum Verzehr geeignet, die Schuppen und gleichzeitig Flossen besitzen. Und solche, die wiederkäuen und gespaltene Hufe haben. Letzteres trifft allerdings auch auf das Kamel zu – essen darf man es trotzdem nicht.

Bis heute streiten sich Gelehrte, was es mit diesen Essensgeboten auf sich hat. Sind sie wörtlich zu nehmen? Oder versteckt sich eine symbolische Bedeutung dahinter? Dienen sie der Hygiene, mit der es zur Zeit der Bibelentstehung nicht besonders weit her war? Oder haben sich die religiösen Lehrer an einer frühen Klassifikation von Arten versucht – und dabei schlicht den Paarhufer Kamel falsch einsortiert?

Einige Anthropologen haben eine andere Theorie: Wo sich eine Religion durchsetzen will, muss sie sich von anderen unterscheiden. Gebote können genau das leisten. Die Unterteilung »rein« gegen »unrein« findet sich in fast jeder großen Glaubensrichtung – nur überlesen Christen (außer die fundamentalen) das 3. Buch Mose großzügig, in den Gottesdiensten spielt es kaum eine Rolle. In der Thora dagegen bildet der Levitikus ein Zentrum, und für viele Juden ist es wichtig, ihren Glauben durch koschere Ernährung auszudrücken.

Im Islam heißen rein und unrein »halal« und »haram«. Dort ist Schweinessen verboten, dafür kommt viel Rind auf den Tisch. Das wiederum würden gläubige Hindus nie anrühren.

Nicht alle Essensgebote sind religiös motiviert. Immer schon wurden Menschengruppen oder bestimmte Lebensphasen mit

Essenstabus belegt. Bei schwangeren Frauen kommt beides zusammen, und wahrscheinlich treffen keine andere Gruppe so viele Regeln wie sie. Auf Java durften Schwangere lange Zeit keine Ananas oder Bananen essen, auf Tahiti waren Schwein, Schildkröten oder Hai für sie verpönt. In manchen Regionen Südindiens durften Mütter mit kleinen Babys keine Milch zu sich nehmen, in anderen auch keinen Fisch oder kein Fleisch. Die Malaysier verboten Frauen nach der Geburt für 40 Tage Fisch, Obst und Gemüse. Und wenn eine Frau heute bei uns ein Kind bekommt, wird sie sofort aus allen Richtungen belehrt, was sie zu essen hat, vom Moment der Empfängnis an bis zum Abstillen. Dabei entspringen solche Hinweise oft nicht wissenschaftlichen Erkenntnissen, sondern Glaubensfragen und Hörensagen – nicht weniger als bei heutigen Äthiopierinnen, die in der Schwangerschaft auf Öl und Kohl verzichten sollen.

Tabus wollen uns anleiten, damit wir tun, was gut für uns ist. Aber richtig oder falsch ist fast immer eine Frage der Perspektive.

Auf einer Reise durch Indonesien verschlug es mich einmal auf einen Tiermarkt in Jakarta. Die Lebewesen, die dort verkauft wurden, waren nicht besonders exotisch: Katzen, Kaninchen, ein paar Schlangen. Auf einer Seite befand sich eine Sektion, wo besonders viele potenzielle Kunden um Haustiere feilschten: Kleine und große Welpen schauten aus Käfigen, so hält man Hunde in der Metropole, einer der am dichtesten besiedelten der Welt. In einer Art Vogelbauer saß ein Schäferhundwelpe, und man konnte ahnen, dass er dort nicht mehr lange hineinpassen würde. Ich fragte den Verkäufer, was die

Besitzer denn machten, wenn die Tiere zu groß würden für ihre Käfige. »Saté«, antwortete er und grinste breit.

Selten streiten sich Menschen so emotional darum, was man essen darf und was nicht, wie beim besten Freund des Menschen. Dabei ist unsere Welt durchzogen von einer unsichtbaren Hundelinie: Auf der einen Seite werden die pelzigen Vierbeiner verspeist, auf der anderen nicht mehr oder sowieso nie. Die Linie läuft durch Amerika, Afrika und Asien und macht einen großen Bogen um Europa. Dass wir im globalen Norden heute keine Hunde mehr essen, kann nicht an zu viel Zuneigung liegen: Die Indonesier lieben ihre Hunde auch, aber sehen trotzdem kein Problem darin, sie zu schlachten, wenn die Zeit gekommen ist. Genauso die Maori oder die Bewohner Tahitis. Und auch wir lagen einst diesseits der Hundelinie: Die alten Griechen empfahlen Hund als besonders schonende Nahrung für Kranke, und bei den Römern kochte man sie wie Hasen. Als sich jedoch die drei großen Weltreligionen Judentum, Christentum und Islam über die Welt verbreiteten, verbannten sie auch den Hund vom Speisezettel. Nicht, weil ihre Anhänger Mitleid mit treuen Hundeaugen hatten – sondern weil die Tiere im Gegenteil als unrein galten.

Wer nicht mit uns isst, ist gegen uns

Nahrung ist das einfachste Mittel, uns von anderen abzugrenzen und uns unserer Gemeinschaft zu versichern. Das kann symbolisch geschehen – oder durch knallharte Maßnahmen. Dann wird Essen zur Waffe.

Historisch gesehen, ging es in Kriegen immer um Nahrung. Napoleons größte Sorge war es, wie er seine Truppen bei seinen Feldzügen durch Europa versorgen sollte. Im Zweiten Japanisch-Chinesischen Krieg von 1937 bis 1945 kontaminierten die Japaner Brunnen mit Typhus, versetzten Schokolade mit Anthrax und Kekse mit Pestviren und nahmen damit ganz gezielt Kinder ins Visier. In den 2000ern lieferte Simbabwes Diktator Robert Mugabe den oppositionellen Minderheiten in seinem Land nur dann Lebensmittel, wenn sie ihre Pässe abgaben. Und Hitler wollte auch deshalb unbedingt Leningrad einnehmen, weil sich dort damals der größte Saatguttresor der Welt befand – mit dem er die Kontrolle über die Welternährung übernehmen wollte. 28 Monate lang belagerte seine Armee die Stadt, über eine Million Menschen starben, die meisten an Unterernährung. Die Menschen kochten Lederschuhe und Tapete, Mütter öffneten sich Venen und ließen ihre Babys davon trinken. Aber die Forschenden im Leningrader Saatguttresor verhungerten lieber, als die Samen anzurühren.

Andersherum wurden schon Systeme und Regierungen gestürzt, weil die Bevölkerung unglücklich über die Ernährungsbedingungen war. Auch wenn Frankreichs Königin Marie Antoinette in der aufgeheizten Stimmung vor der Französischen Revolution wohl nie »Sollen sie doch Kuchen essen!« gesagt hat – dass ihr dieser Satz seit Jahrhunderten angehängt wird, zeugt von der Wut der Menschen auf eine Obrigkeit, die sie hungern lässt. Die Franzosen verlangten Brot – und lösten damit den Sturz der Monarchie aus.

Indien haben Lebensmittel zumindest indirekt die Unabhängigkeit gebracht. Genauer: Schweineschmalz und Rindertalg.

Mitte des 19. Jahrhunderts lehnten sich viele Inder gegen die britische Kolonialmacht auf – aber andere kämpften gegen ihre eigenen Landsleute auf der Seite der englischen Ostindien-Kompanie. Das änderte sich schlagartig, als die Briten neue Munition einführten, die man vor dem Laden aufbeißen musste und die vorgefettet war. Das Fett, so sagte man, stamme von Rindern und Schweinen – deren Verzehr für die hinduistischen und muslimischen Soldaten verboten war und sie Kaste und Ansehen kosten konnte. Die indischen Kollaborateure witterten dahinter einen Plan, ihre Kultur auszulöschen – und rebellierten.

Menschen identifizieren sich mit dem, was sie essen. Sie sind loyal gegenüber Lebensmitteln und Ernährungsgewohnheiten und verbinden mit ihnen ihren Status, ihre Familienzugehörigkeit, ihre Religion und Ethnizität. Ob man sich irgendwo zu Hause fühlt, hängt auch damit zusammen, welche Nahrung dort verfügbar ist. Wir finden uns in der Fremde eher zurecht, wenn wir Gerüche und Geschmäcker wiedererkennen. Deutsche Touristen verlangen auf Mallorca lautstark nach Schnitzeln. Und der jiddische Bejgl ist als Bagel zum Symbol New Yorks geworden.

Migranten haben immer schon ihre Speisen mit auf die Reise genommen. Nicht aus praktischen Gründen, sondern weil sie Gefühle wecken: Trost, Zusammengehörigkeit, Vertrautheit, Glück.

Durch Nahrung können sich Einwanderer in einem neuen Land von der einheimischen Mehrheit absetzen – oder sich deren Kultur aneignen. Restaurants mit den Speisen der Welt sind der einfachste Weg, fremde Kulturen kennenzulernen, und für manche auch der einzige. In Migrationsgesellschaften sind sie oft Orte der Begegnung, wo die Grenzen zwischen fremd und eigen, »ich« und »du«, »wir« und »ihr« verschwimmen.

Der versteckte Code des Essens

Essen ist Gefühl und Heimat. Aber es ist auch ein Mittel zum Handeln und zur Kommunikation. Ob ich lieber Baguette oder Schwarzbrot esse, ob ich meine Pizza teile oder selbst behalte, sind Signale an meine Umwelt.

Die britische Sozialanthropologin Mary Douglas hat einen sehr unterhaltsamen Essay darüber verfasst, wieso unsere Mahlzeiten eine bestimmte Struktur haben müssen. Auslöser dafür war ihre Familie, die sich weigerte, eine Suppe als angemessenes Abendbrot zu akzeptieren. Also fragte sich Douglas, was ein Gericht eigentlich ausmacht. Dazu nahm sie gedanklich alle möglichen Mahlzeiten auseinander, nach primären (»Entrée«) und sekundären Klassen (»Fleisch« oder »Gemüse«), nach Exponenten (»Beilage« oder »Grundnahrungsmittel«) und vielen weiteren Kategorien. Das Ergebnis liest sich wie eine komplizierte Matheformel. Was sie zeigt: Nahrung ist ein Code. Wie das Wort in der Sprache bezeichnet sie nie nur eine Sache. Es kommt auf den Kontext an.

Eine Suppe ist niemals nur eine Suppe. Sie kann als Trostspender wirken und für die Kindheit stehen. Sie kann ein Zeichen des Versagens sein (Wieso gibt es abends nur Suppe, Mary Douglas?!) oder des Gelingens (Toll, dass du nach der

Arbeit für die ganze Familie kochst, Mary Douglas!). Sie kann Heimat repräsentieren oder die Lust auf Neues.

Sprache und Essen haben vieles gemeinsam, und eins durchdringt das andere. Wir amüsieren uns köstlich, bezeichnen andere als »Kartoffel« oder »Brötchengeber« und haben Tomaten auf den Augen. Wie mit Worten kommunizieren wir auch mit unserer Ernährungsweise. Sie erlaubt es Individuen und Gesellschaft, sich miteinander auszutauschen. Das Grundbedürfnis ist vielleicht biologisch – aber um es zu befriedigen, verhalten wir uns nach unserer kulturellen Prägung oder in Rebellion dagegen. Man könnte sogar so weit gehen wie der Ethnologe Ulrich Tolksdorf und sagen: Das Überleben des Menschen als Kulturwesen ist abhängig davon, dass wir über unsere Nahrung Gemeinschaft überhaupt erst herstellen.

Mit Essen – so wie mit Sprache – bringen wir Ordnung in die Dinge. Es strukturiert sogar unsere Zeit: Der Tag unterteilt sich in Frühstück, Mittag und Abendessen, das Jahr in Geburtstagskuchen, Sommergrillen und Weihnachtsbraten. Will jemand zuerst die Eiscreme und dann die Nudeln essen, erntet er Spott. Wir reagieren extrem sensibel auf alles, was unsere Ernährung betrifft – weil sie mit Gefühlen aufgeladen und Teil unserer Identität ist. Deswegen haben wir ein sehr festes Verständnis davon, was beim Essen richtig ist und was falsch.

Bio-Liebe und Veganer-Hass

Der schlimmste Fehler, den man in Deutschland machen kann, ist, den Leuten ihre Autos wegnehmen zu wollen. Der zweitschlimmste Fehler: dasselbe mit ihren Schnitzeln zu tun. Diese Abscheulichkeit leisteten sich die Grünen, als sie 2013 einen »Veggie Day« in Kantinen ins Wahlprogramm schrieben. Dass schon damals viele Menschen gar nicht mehr jeden Tag Sauerbraten zum Mittag bestellten, interessierte in der Diskussion niemanden. »Die Grünen wollen uns das Fleisch verbieten!«, titelte die *Bild*. »Der Veggie Day teilt das Land«, schrieb der *Stern*. Die Wahl lief dann nicht so gut für die Grünen. Veganer und Karnivoren sind sich bis heute nicht grün, Schweinenackensteak und Gemüsebratling wurden zu politischen Statements, die Andersessenden ziemlich übel aufstoßen.

Dabei passen die fleischreduzierten, lokal produzierten Ernährungsträume der Grünen eigentlich sehr gut in unsere Zeit. Die Menschen sehnen sich nach guten Zutaten und fürchten sich vor genmanipulierter Kost. Lebensmittel sollen »authentisch« sein, was genau man auch immer darunter versteht.

Das ist noch gar nicht lange so. Von den 1950er-Jahren an riss man sich um Fertignahrung in Plastikverpackungen, und der Leitspruch »Better Living Through Chemistry« der US-amerikanischen Pharmaindustrie wurde auch zum Motto in der Landwirtschaft. Zur Jahrtausendwende gab es Ketchup plötzlich in Lila und Grün, und noch niemand störte sich daran, dass Chicken Nuggets aus braunem Schleim gefertigt werden, der zu mehr als der Hälfte aus Wasser, Ölen, Gluten, Backtriebmitteln und anderen Stoffen besteht.

Der Wunsch nach naturbelassener Nahrung ist aber genauso wenig neu. Die Industrialisierung hatte kaum Fahrt aufgenommen, da tauchten in Deutschland die Lebensreform- und in den USA die »Natural Foods«-Bewegung auf, die verarbeitete Lebensmittel und Fleisch ablehnten. Die Naturalisten des 19. Jahrhunderts malten gern sentimentale Szenen von Landarbeitern bei der Ernte. Und Marie Antoinette, die schon erwähnte letzte französische Königin, spielte mit ihren Hofdamen Schäferin und melkte Kühe auf einem nachgestellten Bauernhof im Schlosspark von Versailles.

Heute kaufen wir Kartoffelpüree als Pulver oder bestellen Tiefkühlpizza direkt vom Supermarkt nach Hause. Gleichzeitig sind die Reformhäuser und Biomärkte von schrabbeligen Eso-Läden zu dezent ausgeleuchteten Boutiquen mutiert. Ob sich jemand von Fast-Food-Burgern oder Biosteckrüben ernährt, ist natürlich eine persönliche Entscheidung. Es muss keine Glaubensfrage sein. Aber leider sehen das nicht alle so.

In der aktuellen Umfrage eines Onlineportals für Veganer berichten 931 vegane Familien aus Deutschland von der Diskriminierung, die sie jeden Tag erfahren. Fast allen Eltern wurde schon einmal vorgeworfen, die Gesundheit ihrer Familie zu gefährden. Manchmal würden Fremde ihren Kindern nicht vegane Lebensmittel unterjubeln. Ärzte setzten sie unter Druck oder lehnten eine Behandlung ab. Und einigen Kindern wurde wegen ihrer Ernährungsweise sogar der Kitaplatz verweigert.

Radikale Veganer nennen Tiernutzer »Mörder« und würden weder Bett noch Tisch mit ihnen teilen. Ihre Gegner drucken sich T-Shirts mit Sprüchen wie »Wenn es kein Fleisch mehr gibt, ess' ich Vegetarier« und weigern sich, auch nur einen Zentimeter auf dem Grill für Paprika und Seitan-Wurst freizuräumen.

Woher kommt so viel Aggression? Forscher haben aktuelle

dystopische Romane darauf untersucht, welche Rolle Nahrung darin spielt. Dystopien sind immer ein Ausdruck dafür, wovor sich eine Gesellschaft zu einer bestimmten Zeit fürchtet. In den Büchern ging es selten um knappe Ressourcen oder eine ausgebeutete Erde. Dafür umso häufiger um Ökoterrorismus und einen Staat, der bis in die privatesten Lebensbereiche der Menschen eindringt, indem er ihnen vorschreibt, was sie zu essen haben.

Offensichtlich haben wir Angst. Weil sich da etwas ändert, weil wir scheinbar die Kontrolle verloren haben und gleichzeitig mit jedem Einkauf eine politische Entscheidung treffen müssen.

Ob man für oder gegen eine bestimmte Ernährungsweise steht, entscheidet in Deutschland heute Wahlen. Wir sehen Bilder von brennenden Regenwäldern in Brasilien, die für deutsches Schweinefutter gerodet werden. Konzerne versorgen uns mit designten Fertigprodukten, und Kinder denken, Kühe seien lila, weil die in der Schokoladenwerbung so aussehen. Wir sehnen uns nach gesunden Lebensmitteln – und gehen dann doch zu McDonald's. Weil das schnell geht und glücklich macht und wir nicht aus unserer eigenen Haut können.

Wir spüren, dass da etwas schiefläuft. Und reagieren, indem wir streiten und Fronten aufbauen, wo es keine geben müsste. Das verwundert nicht: Wie wir gesehen haben, ist Essen eng mit unseren Gefühlen verbunden. Unsere Kultur und unsere Identität beruhen darauf. Unsere Nahrung ist im wahrsten Sinne Teil von uns. Aber wenn wir ehrlich und sachlich über Essen sprechen wollen, müssen wir uns davon frei machen.

Tatsächlich ist die Industrialisierung unserer Nahrung nicht an sich schlecht. Im Gegenteil. In den nächsten Kapiteln wollen wir zeigen: Die Agrarindustrie hat Millionen Menschen das Leben gerettet und vielen Gegenden der Erde Wohlstand und Sicherheit gebracht. In jedem einzelnen Land stehen den Menschen heute mehr Kalorien zur Verfügung als noch vor 20 Jahren. Kurz sah es sogar so aus, als könnten wir den Welthunger ganz abschaffen. Und zwar, indem wir immer größer werden, immer mehr einsetzen – mehr Land, mehr Wasser, mehr Dünger, mehr Pestizide, mehr Maschinen.

Dieses »Immer mehr« hat aber eben auch Wirkungen auf der ganzen Welt, die wir lange nicht mit eingerechnet haben. Boden geht verloren, weil er versalzt oder versauert. Arten sterben für immer aus. Unser Klima gerät aus den Fugen, weil industrielle Viehzucht und Ackerbau so viele Emissionen verursachen. Der Planet rebelliert. Wir haben den Gipfel überschritten. Dabei brauchen wir bis 2050 sogar noch einmal 50 Prozent mehr Nahrung als heute. Weil die Weltbevölkerung weiterwachsen wird und Menschen in Schwellenländern auf die umweltzerstörerische Ernährung des globalen Nordens umsteigen.

In diesem Buch geht es darum, wie die scheinbar unbedeutendsten Entscheidungen, die wir in den Industrieländern jeden Tag treffen, bis in die letzten Winkel der Erde nachwirken. Und wenn es nur die Entscheidung zwischen Kohlrabi-Schnitzel oder Currywurst ist. Das überfordert manchmal vielleicht, doch es gibt uns auch Macht. Es verbindet Konsumenten und Bauern auf der ganzen Welt.

Wir werden sehen: Die Weise, wie wir heute Lebensmittel herstellen, bedroht die Erde und damit unser Leben. Sie kann sich alternativlos anfühlen. Aber sie ist es nicht. So, wie wir in Deutschland auch nicht immer mit Messer und Gabel gespeist haben und das Dessert genauso gut an den Anfang der Mahlzeit schieben könnten. Es gibt Lösungen, viele sogar. Wir müssen nur die Perspektive wechseln.

Und dabei geht es gar nicht so sehr darum, ob nun Tofu oder Steak auf dem Teller landen. Sondern darum, wo beides herkommt und wie es produziert wird.

2

Die globale Kuh

Das grenzenlose Wachstum
unserer Ernährungsindustrie

Wer in das »Leere Viertel« reist, wie die Rub al-Chali auf der Arabischen Halbinsel übersetzt heißt, bringt natürlich keine allzu hohen Erwartungen mit. Und doch werden diese noch einmal unterboten, sobald man angekommen ist. Ich blicke in eine monumentale Tristesse, die sich von Horizont zu Horizont erstreckt.

Die gewaltigste Sandwüste der Welt ist doppelt so groß wie Deutschland. Und sie ist tatsächlich sehr leer. In dieser Landschaft blüht kein Grün, ich sehe keine Pflanzen. Auch keine Flüsse und Seen und meistens auch keine Wolken. Es gibt kaum Tiere und Menschen, keine Städte, Berge oder Felder. Nur Sand, Steine und 50 Grad Hitze.

Al-Kharj liegt etwa 100 Kilometer südöstlich der saudischen Hauptstadt Riad, dort, wo die Rub al-Chali in eine gewöhnliche Geröllwüste übergeht. Aus gar nichts wird hier nichts. Ein Unterschied, den man eigentlich nur daran erkennen kann, dass die R10 schnurgerade durch die Wüste schneidet, die Al-Batha am Persischen Golf und Al-Shuqaiq am Roten Meer verbindet.

Die 1500 Kilometer lange Eintönigkeit wird in Al-Kharj kurz von ein paar zweckhässlichen Industrie- und Gewerbeanlagen unterbrochen. Eine davon hat es ins Guinnessbuch der Rekorde geschafft: die Al-Safi-Farm. Ausgerechnet hier, am Rande des »Leeren Viertels« mitten in der Wüste, in einer der heißesten Regionen der Welt, mehrere Flugstunden von der nächsten Wiese entfernt, in einem Land ohne einen einzigen Fluss – steht der größte Kuhstall der Welt.

Ich mag Kühe. Ich bin unter ihnen aufgewachsen, in Asselermoor, einem 200-Bauernseelen-Dorf in der norddeutschen Tiefebene. Der Anblick schwarz-weißen Fleckviehs, der Geruch von Dung, das Muhen, das mahlende Wiederkäuen, das rhythmische Pumpen von Melkanlagen, Traktor-Diesel-Geruch in der Nase und Gummistiefel an den Füßen – das fühlt sich für mich nach Kindheit an. Also erst mal gut.

Ich mag auch Kuh 162 444, eine von den 50 000 schwarz-weißen Holstein-Kühen, die auf der Al-Safi-Farm in die gleißende Sonne blinzeln und dabei so arglos aussehen, wie nur Kühe es können. Ihre Physiognomie kennt weder Nachdenklichkeit noch Verstehen, nur grenzenloses Erstaunen. Und das ist an so einem Ort durchaus berechtigt. Jede vernünftige Kuh muss sich doch fragen, welches absurde kosmische Missverständnis sie mitten in die saudische Wüste verschlagen hat. Jeder vernünftige Mensch fragt sich das schließlich auch.

Angefangen hat hier alles vor gut vier Jahrzehnten, als die Königsfamilie Saudi-Arabiens beschloss, die Abhängigkeit des

Landes von Nahrungsmittelimporten zu reduzieren. Mit ihrem Ölgeld kaufte sie in Kanada einige Tausend Holstein-Kühe und gründete die Al-Safi-Farm. Einen Großbetrieb, der die kühnsten Träume der globalen Agrarindustrie wahr werden lässt: Volle Kontrolle! Über alles! Vom Futter über die Besamung, die Kälber, die Kühe, die Tiermedizin, die Milch und deren Weiterverarbeitung bis hin zum Joghurt im Supermarktregal – alles aus einer Hand. »Totale vertikale Integration« nennen Agrarmanager dieses Konzept. Food-Giganten in Brasilien, China und den USA wetteifern um die modernsten Fabrikfarmen, auch in Europa stehen einige. Aber Al Safi ist vielleicht die größte.

Die Ställe sind einen halben Kilometer lang. In einem guten Dutzend Melkstationen wird von morgens bis abends gepumpt, nur unterbrochen von einer Mittagspause für den menschlichen Teil der Belegschaft, immerhin auch etwa 3000 Personen. Jeweils zehn Minuten dauert es, bis in einer Station 100 Kühe abgemolken sind. Ein mechanisches Gestänge drückt 162 444 und all die anderen dabei rückwärts gegen eine Kotrinne, damit die Melkmannschaft, die ein paar Treppenstufen tiefer von hinten die Zitzenbecher aufsetzt, nicht ständig mit Kuhscheiße besprizt wird. Eine saubere Sache.

Während der Pulsator die Saugaufsätze der Vakuumpumpe auf und ab wippen lässt, zwei hoch, zwei runter, zwei hoch, zwei runter, liest der Computer alle relevanten Lebensdaten von den Ohrchips aus und lässt auf grünen Displays über jedem Euter die Ergebnisse aufleuchten. Knapp 40 Liter pro Tag und Kuh sind Durchschnitt – etwa zehn Liter mehr, als Hochleistungsrinder auf deutschen Industriefarmen geben.

Als »Buttje« habe ich gelernt, wie man Euter abwischt (»Keen Schiet in de Melk!«), mit der Hand anmelkt (»Kneten und trecken!«), den Melkautomaten ansetzt (»Nich so tögerlich!«) und ruhig bleibt, wenn der kotverschmierte Kuhschwanz durchs Gesicht peitscht (»Dar is noch nüms von doodbleven!«). Der Geruch und die Geräusche, das ist hier in der Wüste nicht viel anders als damals in Asselermoor. Aber damit enden die Gemeinsamkeiten auch schon. Der Milchertrag pro Kuh ist heute etwa doppelt so hoch wie vor 40 Jahren. Und 162 444 sieht ganz anders aus als die Kühe meiner Kindheit. Intensive Zucht hat Körper und Leistung der Rindviecher in den vergangenen Jahrzehnten völlig verändert. Sie sind größer und magerer als damals, zwischen ihren langen, dünnen Beinen schwingen Euter hin und her, die sogar an Elefanten seltsam überproportioniert aussähen. Sie machen jeden Schritt beschwerlich.

Aber weit laufen, so wie die Weidekühe meiner Kindheit, sollen diese Tiere ohnehin nicht, denn das wäre nicht gut für den Milchertrag. Die Al-Safi-Rinder trotten nur den kurzen Weg zurück in den Schatten der Ställe, wo rund um die Uhr eine spezielle Kuh-Kühlung Wasser über den Rücken der Rinder zerstäubt, um die 50-Grad-Wüstenhitze abzumildern. Kuh-Kühlung, das klingt nach Tierwohlgedanke, hat aber vor allem ökonomische Gründe. Sie mindert den Hitzestress und steigert die Effizienz: Laut empirischen Untersuchungen wird die höchste Milchleistung bei einer Umgebungstemperatur unter 30 Grad erreicht, der Ertrag pro Kuh konnte seit dem Einbau der Anlage nahezu verdoppelt werden. Gut fürs Geschäft also.

Bis zu 800 000 Liter pro Tag kann die Al-Safi-Milchfabrik liefern, fast sechsmal so viel wie die größten Milchfarmen

Europas. Von den Melkständen fließt dieser gewaltige weiße Strom direkt in die benachbarte Fabrik, die von den Saudis in Zusammenarbeit mit dem europäischen Lebensmittelkonzern Danone betrieben wird. Auf einer edelstahlblanken Produktionsstraße verwandeln viele Roboter und ein paar Menschen die Rohmilch in Joghurt, Frischmilchprodukte und Fitnessgetränke. Genug, um einen großen Teil des saudi-arabischen Bedarfs zu decken und auch noch weitere Länder in der Golfregion zu versorgen.

Al Safi ist typisch für das moderne Agribusiness. Hocheffizient, international und kein bisschen romantisch – so sehen Kuhställe in Industrieländern heute aus. Betriebe wie Al Safi entsprechen nicht im Geringsten den idyllischen Bauernhof-Fantasien, in denen glückliche Menschen Milch von glücklichen Kühen zu glücklich machendem Käse verrühren. Aber: Erstens waren auch die kleinen, familiengeführten Höfe der Vergangenheit alles andere als Heimatfilm-Paradiese. Und zweitens haben wir der Agrarindustrie tatsächlich eine Menge zu verdanken.

Die größte Erfolgsgeschichte der Welt

Die industrielle Landwirtschaft ernährt den Großteil der Menschheit ganz ausgezeichnet. Sie hat es innerhalb weniger Jahrzehnte geschafft, die Nahrungsmittelproduktion der Welt zu vervielfachen und auch die Qualität der Lebensmittel auf ein zuvor unerreichtes Niveau zu heben. Jedem Menschen steht heute, statistisch gesehen, dreimal so viel Essen zur Verfügung wie noch vor 60 Jahren. Für eine Weile sah es so aus, als könnten wir den Welthunger sogar ganz besiegen. Dass er aktuell wieder zunimmt, ist eher ein Verteilungs- als ein Mengenproblem.

Mit moderner Agrartechnik – Al Safi ist nur ein Beispiel von beliebig vielen – scheint fast nichts mehr unmöglich zu sein. Durch sie gelingt es sogar, ein »Leeres Viertel« in ein Land zu verwandeln, in dem Milch und Joghurt fließen. Wir sind nicht mehr der *Homo sapiens*, der seine Intelligenz größtenteils dafür aufwenden muss, einfach nur zu überleben. Wir sind, wie es der Historiker Yuval Noah Harari nennt, zu *Homo Deus* aufgestiegen. Wir sind wie Götter und können die biblischen Wunder inzwischen selbst vollbringen: »Und sie aßen alle und wurden satt.«

Zwischen dem Urhausrind und der computergesteuerten Kuh-Kühlung auf der Al-Safi-Farm, zwischen dem ersten Grabstock und der flächenspezifischen Präzisionsdüngung liegen einige Tausend Bauerngenerationen. Sie alle haben sich auf den Feldern krummgemacht, um dem Boden mehr und mehr Nahrung abzuringen. Eine Sisyphusarbeit, denn mehr Essen ernährte mehr Kinder, jede Effizienzsteigerung in der Landwirtschaft zog ein Bevölkerungswachstum nach sich. Ein endloser Wettlauf. Jede Missernte führte die Ärmeren fast zwangsläufig in eine neue Hungersnot. Die gesamte Geschichte ist bestimmt von Hunger und Mangel, nichts hat uns zivilisatorisch stärker geprägt als die Sorge ums Essen. »Immer mehr« ist deshalb das Mantra unserer Landwirtschaft, es ist tief in ihre DNA eingebrannt.

Seit der neolithischen Revolution vor mehr als 10 000 Jahren ist wohl kein einziger Tag vergangen, an dem nicht irgendwo auf der Welt jemand eine neue Idee entwickelt und ausprobiert hat, um die Landwirtschaft effizienter zu machen. Während ein Bauer in Europa Anfang des 20. Jahrhunderts vier Menschen ernähren konnte, sind es heute schon bis zu 160. Die Innovationswelle beschleunigt immer stärker und ist mittlerweile bei Gentechnik und Digitalisierung angekommen. Sie hat das exponentielle Bevölkerungswachstum der vergangenen zwei Jahrhunderte erst ermöglicht.

Meine eigene Generation markiert den Höhe- und Endpunkt dieser Entwicklung: Seit Ende der 1960er-Jahre hat sich die Zahl der Menschen auf der Erde ungefähr verdoppelt, von vier auf acht Milliarden. Eine weitere Verdopplung kann und wird es nicht geben, weil die Ressourcen der Erde dafür nicht ausreichen würden. Außerdem hat sich das Bevölkerungswachstum bereits verlangsamt. Es werden höchstens zehn Milliarden Menschen sein, dann folgt ein langsamer Rückgang, das ist die aktuelle Prognose der Forschung. Genug Essen für zehn Milliarden Menschen: Mit Ochsengespann, Sense und Mistgabel wäre das völlig unmöglich zu schaffen. Es ist insofern eine zwar banale, aber doch oft verdrängte Wahrheit, dass die Industrialisierung der Landwirtschaft das Fundament unserer modernen Zivilisation ist. Keine Arbeiterin baut, kein Soldat marschiert, keine Künstlerin malt, kein Computer-Nerd programmiert und keine Fußballerin kickt, wenn es nichts zu essen gibt.

Hunger sollte es auf der Erde eigentlich gar nicht mehr geben. Rein rechnerisch hätten wir bereits heute genug für alle Menschen, pro Tag und Kopf stehen fast 3000 Kilokalorien zur

Verfügung, also mehr, als man braucht, um satt zu werden. Das verdanken wir nicht dem lieben Gott, sondern zu einem guten Teil den Erfinderinnen, Ingenieuren, Genforscherinnen, Chemikern und Biologinnen der Agrarindustrie.

Sie haben das älteste Gewerbe der Welt mechanisiert, industrialisiert und digitalisiert, die Gräser zu Brotfrüchten und die Rinder zu Milchmaschinen umgezüchtet. Genome wurden ertragsoptimierend umprogrammiert, Pflanzengifte zu Erntehelfern, Pestizide zu Präzisionswaffen und Dünger zu Pflanzendoping weiterentwickelt. Dabei herausgekommen ist zwar kein Ökoparadies, aber die vielleicht beeindruckendste Erfolgsstory in der gesamten Geschichte der Menschheit. Und das ist nicht ironisch gemeint.

Historisch betrachtet, hat sich die Industrialisierung auf Feld und Flur, in Stall und Scheune erst einmal als Segen erwiesen. Nach Jahrtausenden der Not und des Mangels sind wir Menschen grundsätzlich resilienter gegen die Schicksalsschläge der Natur geworden. Wir sollten das berücksichtigen, wenn wir, Güllegeruch in der Nase und abstoßende Bilder aus der Massentierhaltung im Kopf, über Bauernhöfe urteilen, die wie Fabriken geführt werden. Denn diese Nahrungsfabriken sind unsere bisher beste Antwort auf den Hunger, der uns auf Schritt und Tritt begleitet hat, seit der moderne Mensch die Bühne der Welt betrat.

Die nach 1950 geborene Generation ist wohl die erste in Europa, die nie vor leeren Tellern saß. Bei uns kennen wir den Hunger nur noch als Schreckensbericht vom anderen Ende der Welt und spenden vielleicht sogar ein bisschen, wenn wir davon hören. In unserem Teil der Welt jedoch beginnt die Erinnerung an diese Geißel der Menschheit bereits aus dem kollektiven Gedächtnis zu verschwinden. Wir cruisen glücklich und satt durchs Überflussmeer und führen ein Leben auf dem Oberdeck. Wie es in den Maschinenräumen aussieht, wissen wir oft nicht. Vielleicht wollen wir das auch gar nicht so genau.

Die andere Seite von »Bigger is better«

162 444 ist eines von vielen Milliarden Tieren, die wir weltweit in Ställen und Käfigen, in Gattern, auf Wiesen und Koppeln, in Verschlägen, Boxen und Mastanlagen halten. Würden alle Nutztiere auf der einen Seite einer Wippe stehen und alle Wale und Robben, alle Elefanten und Mäuse, alle Nashörner und Kängurus, alle Affen, Löwen, Hirsche und Wildschweine, überhaupt alle wilden Säugetiere auf der anderen Seite, dann würden die Wildtiere weit hoch in die Luft sausen. Allein die Schweine wiegen etwa dreimal so viel wie alle wilden Säugetiere zusammen. Plus Rinder, Schafe, Ziegen, Pferde und geschätzt 25 Milliarden Hühner. Bratwurst, Schnitzel, Steak & Co werden weltweit immer beliebter, der Fleischkonsum steigt und steigt. Und die Turboviehzucht heizt ihn weiter an, weil sie so viel und so preiswert produziert.

Auch auf Äckern wachsen Rekorde: Fast 9,5 Milliarden Tonnen Feldfrüchte wurden 2021 auf dem gesamten Globus geerntet, das entspricht einem Zuwachs von 50 Prozent in den letzten 20 Jahren. Wir ernten mehr als jemals zuvor, aber auf andere Art gleichzeitig weniger. Die Menge steigt zwar, aber die Vielfalt sinkt, es wird vereinheitlicht, standardisiert und genormt, denn das steigert die Effizienz. Von den vielleicht 30 000 essbaren Pflanzen auf der Erde bauen wir nur ein Dutzend in großem Stil an, und es werden immer weniger. Die Hälfte der gesamten Welternte entfällt inzwischen auf Soja, Weizen, Mais und Reis. Das sind die sogenannten *cash crops*, die vier Pflanzen, auf denen das Geld wächst. Sie werden oft subventioniert, lassen sich gut zu allen möglichen Fertigprodukten weiterverarbeiten und weltweit vermarkten. Die gesamte Lebensmittelindustrie ist auf sie eingestellt.

Je mehr Einheitlichkeit, desto effizienter funktioniert die Industrie.

Auch Nutztiere sollen deshalb möglichst genormt sein. In den letzten 100 Jahren sind nach Angaben der Welternährungsorganisation etwa 1000 Nutztierrassen ausgestorben, in jeder Woche verschwinden zwei weitere. Für die industrielle Mast und Verarbeitung wäre es sowieso am besten, wenn es auf der ganzen Welt nur noch jeweils eine Kuh-, Schweine- und Hühnerrasse gäbe. Auch wenn es so weit wohl nicht kommen wird, hat die Biotechnologie doch schon ein gutes Stück auf dem Weg dorthin geebnet. Sie füllt die Ställe der Welt mit wie am Fließband produzierten Hybridschweinen, »Ross308-Masthähnchen« und Holstein-Kühen.

Die Rinderrasse »Holstein«, die in Al Safi gehalten wird, ist so verbreitet, dass der Begriff »Holstein« inzwischen zu einem internationalen Synonym für leistungsstarke Milchkühe geworden ist. Der Joghurt auf unserem Frühstückstisch, der Schaum auf unserem Latte Macchiato, der Käse auf dem Brot stammen mit hoher Wahrscheinlichkeit von einer Holstein-Kuh und zwar unabhängig davon, ob Sie gerade daheim, in

Kanada oder Saudi-Arabien frühstücken. Die Holstein-Kuh ist ein echtes Hochleistungsvieh, sie steht für Zucht an der Grenze des Möglichen.

Kühe müssen Kälber gebären, damit sie Milch geben. In der industriellen Haltung werden Kuh und Kalb direkt nach der Geburt getrennt, was trotz aller Zucht immer noch den Instinkt der Tiere verletzt. Wer jemals das gequälte Geschrei der Muttertiere gehört hat, kann das bezeugen.

Würde die Kuh ihr Kalb säugen, wäre sie einige Monate lang nicht empfangsbereit und könnte auch nicht gemolken werden. Die Trennung der Kälber wird praktiziert, um die Kuh bereits etwa sechs Wochen nach der Geburt wieder besamen zu können. Die Tiere sind praktisch ständig schwanger. Lange machen ihre Körper das nicht mit, manche schaffen vier solcher Zyklen, andere nur einen oder zwei. Danach gelten sie als verbraucht, weil sie nicht mehr produktiv genug sind.

162 444 ist ein typischer Fall. Sie muss ein Vielfaches der Milchmenge liefern, die für die Ernährung eines Kalbes notwendig wäre. Um die gewünschte Milchleistung in modernen Ställen zu erreichen, läuft ihr Stoffwechsel ständig im roten Bereich. Erhöhter Kalziumbedarf und Fettabbau zehren an ihr. Weil für einen Liter Milch etwa 400 Liter Blut durchs Euter fließen müssen, werden manchmal Extremitäten oder Organe unterversorgt. Daher sind Holstein-Kühe anfällig für sogenannte Produktionskrankheiten, darunter Labmagenverlagerung, Nachgeburtsverhalten, bei dem sich die Nachgeburt nicht richtig ablöst, Gebärmutter- und Euterentzündung, Fruchtbarkeits- und Stoffwechselstörungen, Klauenerkrankungen oder spastische Lähmungen. Darunter leidet wohl auch 162 444, ihre

Hinterbeine sind versteift. Die fünf bis sechs Jahre, mit denen eine Milchkuh in der landwirtschaftlichen Praxis eigentlich rechnen kann (oder muss), wird sie wohl nicht erreichen. In der Kette der Milchproduktion sind Kühe Verschleißteile mit sehr begrenzter Lebenserwartung. »Vorzeitiger Abgang« heißt der Tiertod in der Agrarsprache, und der ist einkalkuliert. Ein bisschen Schwund ist immer. Das ist in Saudi-Arabien nicht anders als in Niedersachsen oder in Kentucky.

Effizienz als oberstes Prinzip

162 444 verkörpert die internationale Agrarindustrie, sie ist selbst ein Baustein, ein Elementarteilchen des Food-Universums, in und von dem wir alle leben. Ihre Gene, ihre Züchter, ihr Futter, ihre Medikamente, die Maschinen und Menschen, die um sie herum arbeiten, der Konzern, der ihre Milch vermarktet – fast nichts und fast niemand davon stammt aus Saudi-Arabien, wo 162 444 ein bisschen Linderung unter dem Wasserdampf des Cow-Coolers sucht. Niemand hat sich die Mühe gemacht, ihr einen Namen zu geben. Und wenn der Abdecker kommt, wird auch das niemanden interessieren. Wie überall in der Massenproduktion ist sie einfach nur eine Nummer, die für ein paar Jahre in den Bilanzen auftaucht und dann wieder verschwindet.

Ein Nutztier ist im Verständnis der meisten Menschen nur eine etwas diffus definierte Entität irgendwo zwischen Stein und Mensch. Gedanken über Gott, Logik und Sprechen sind ihr nicht gegeben, und das reicht uns als Rechtfertigung dafür aus, sie so zu behandeln, wie wir wollen. Stellen wir uns nur kurz vor, demnächst landeten Außerirdische auf der Erde, deren IQ in etwa so viel höher ist wie unserer, verglichen mit dem einer Kuh. Dürften die dann mit uns auch machen, was ihnen gerade passt?

Unangenehme Vorstellung. Aber in der Realität spielen solche Überlegungen keine Rolle. Da zählt, wie viel Milch eine Kuh gibt, dass sie Futter in Fleisch umwandelt, ihre Produkte gute Preise erzielen und wir Menschen satt werden. Wir haben tatsächlich nicht die geringste Ahnung, was im Kopf einer Milchkuh vor sich geht. Ihre Gedankenwelt bleibt uns verschlossen, auch ihre Gefühlswelt. Ihr Leiden jedoch ist offensichtlich.

162 444 kann kaum noch laufen. Schon die wenigen Schritte vom Melkstand zurück in den Wüstenstall schafft sie nur noch humpelnd, mit bizarren Kreisbewegungen ihrer steifen Hinterbeine. Die Sprunggelenke sind geschwollen. Dieses Tier hat Schmerzen. Das absurd angeschwollene Euter wird bei jedem Schritt stark gequetscht. »Qualzucht« nennen das Tierschützer. »Leistungsoptimierung« die Züchter.

Um Missverständnisse auszuschließen: Al Safi ist keine Horrorfarm, auf der Tierquäler ihr Unwesen treiben, im Gegenteil. Den Rindern geht es hier im Vergleich zu vielen anderen Ställen sogar recht gut. Sie können jederzeit raus auf die Freiflächen, wo die Sonne zwar gnadenlos brennt, aber das ist wohl immer noch besser, als ein Leben lang eingesperrt zu sein, so wie in vielen deutschen Laufställen. Bei uns ist de facto noch nicht mal die Anbindehaltung verboten, die jedes natürliche Verhalten verhindert und ein besonders hohes Krankheitsrisiko mit sich bringt, weil die Kühe permanent an einem Fleck angekettet sind und sich kaum bewegen können. Wäre ich eine Kuh und müsste zwischen deutschen Ketten und saudischer Wüste wählen, entschiede ich mich ganz sicher für Al Safi. Hätte ich allerdings die Wahl zwischen der Wüste und einer Almwiese, würde ich natürlich Letztere nehmen.

Die Al-Safi-Anlagen sind sauber, bieten viel Platz, das Futter ist hochwertig, die tiermedizinische Versorgung umfassend und die Kuh-Kühlung sichtbar beliebt. Viele Betriebe auf der Welt könnten sich für ein Mindestmaß an Tierwohl ein Beispiel daran nehmen. Das Störgefühl, das diese Milchfabrik auslöst, hat andere Gründe: erstens die absurde Lage mitten in der Wüste. Eine glückliche Kuh lebt in der Natur und ist deshalb in unseren Köpfen fest mit einer grünen Wiese verbunden. Die Kuh in der Wüste empfinden wir als so unnatürlich wie einen Eisbären am Karibikstrand.

Vor allem ist es aber wohl die schiere Größe des Betriebes, die Reduktion des Daseins auf ein paar Zahlen, die uns unwillkürlich um die Mitgeschöpfe barmen lässt. Dieser Agrargigantismus lässt keinen Raum für Mit-Tierlichkeit, die genau wie die Mitmenschlichkeit eigentlich ein tief sitzender Instinkt ist und die daher jeder psychisch gesunde Mensch mehr oder weniger stark empfindet. Obwohl es rechnerisch Sinn macht, fühlt es sich falsch an, mehrere Zehntausend Kühe in einer Milchfabrik zu halten wie Fließbandroboter. Hier schenkt nicht die süße Susi ihrem Bauern Hans jeden Tag ein paar Liter Milch, wofür er dankbar ihren Rücken krault. Hier werden Lebewesen in industriellem Maßstab abgeerntet. Rinder sind bei Al Safi Investitionsgüter und Produkte, degradiert zu

Datensätzen in betriebswirtschaftlichen Kalkulationen. Als handelte es sich nicht um Geschöpfe, sondern um Eisenerz in einer Mine oder Gewindeschrauben im Lagerbestand. Tiere sind hier tatsächlich nur noch Nummern, Fabrikwesen ohne jede Würde. Al Safi ist ein dafür typischer Fall, Massenproduktion sieht auf der ganzen Welt so aus. Das ist eine Realität, die wir uns klarmachen sollten. Rational kann man nachvollziehen, warum das so ist. Vielleicht ist es sogar notwendig. Aber es bricht einem das Herz.

Vom Klavierkasten zur Giga-Factory

Fabrikfarmen sind nur ein Beispiel dafür, wie Lebensmittel heute massenhaft produziert werden. Es scheint so, als sei die moralische Insolvenzverschleppung solcher Betriebe ein unvermeidbarer Kollateralschaden unserer »All you can eat«-Mentalität. Diese Einstellung hat ein globales Food-System geschaffen, in dem mehr Geld und Macht konzentriert sind als in den meisten Staaten. Die eigentliche Landwirtschaft ist nur ein Baustein in diesem System, dazu kommen Transport, Verarbeitung, Verpackung, Lagerung, Einzelhandel und am Ende auch das Verbrauchs- und Abfallmanagement. Das globale Agribusiness beschäftigt über eine Milliarde Menschen und setzt mehr als drei Billionen Euro pro Jahr um. Kein anderer Industriezweig bewegt so gewaltige Summen wie die Agrarindustrie und ihre Satellitenbranchen. Offenbar gehen neben der sprichwörtlichen Liebe auch Macht und Geld durch den Magen.

Das geht schon seit über einem Jahrhundert so: In der ersten Hälfte des 20. Jahrhunderts herrschten Unternehmen wie die United Fruit und die Standard Fruit Company über ganze Staaten. Sie unterstützten mit ihrem Geld in Honduras, Guatemala oder der Dominikanischen Republik gewalttätige Diktatoren und degradierten deren Länder zu »Bananenrepubliken«, die sie nach Belieben ausplündern konnten. Das ist heute zum Glück nicht mehr so einfach, es gibt nun strengere Gesetze, eine aufmerksamere globale Öffentlichkeit, Compliance-Regeln und Selbstverpflichtungen der Unternehmen. Die Namen der Nahrungsmittelgiganten stehen heute oft für das sichere Gefühl, Lebensmittel von verlässlicher Qualität zu erwerben – nur werden Menschen und Ressourcen immer noch ausgebeutet. Dazu später mehr.

Die United Fruit Company benannte sich später in Chiquita um, was übersetzt in etwa »kleines Mädchen« bedeutet. Ein süßer Name für ein Milliardenunternehmen mit einem schwierigen Erbe. Doch mittlerweile gehen gerade die großen Konzerne oft mit gutem Beispiel voran, weil sie besonders in der Öffentlichkeit stehen und am meisten zu verlieren haben – und weil sie sich Investitionen in den Umweltschutz leisten können. Chiquita lässt seine Plantagen heute von der Rainforest Alliance zertifizieren, das Unternehmen erfüllt also die sozialen und ökologischen Standards dieser NGO. Die sind zwar nicht besonders streng – die Unternehmen sollen etwa biologische vor chemischen Mitteln bevorzugen und ihre Lieferketten nachverfolgen –, aber immerhin.

Im Vergleich zu den ganz großen Lebensmittelkonzernen ist ein Produzent wie Chiquita fast schon klein. Zum Produktportfolio von Nestlé gehören heute mehr als 2000 Marken, von

Nescafé bis Smarties. Damit bringt es der Schweizer Konzern auf fast 100 Milliarden Euro Umsatz im Jahr. Eher im Hintergrund arbeitet ein Unternehmen wie Archer Daniels Midland, das Agrarrohstoffe verarbeitet und damit knapp 80 Milliarden Dollar pro Jahr erwirtschaftet. Beim weltgrößten Fleischproduzenten, dem brasilianischen Unternehmen JBS S. A., sind es etwa 30 Milliarden Euro. Nur wenig umsatzschwächer ist Danone, der Partner der Al-Safi-Farm, womit das Unternehmen immerhin auch noch zu den Top Ten der Lebensmittelgiganten gehört.

Seit die Industrialisierung der Landwirtschaft vor 200 Jahren begann, haben Lebensmittelkonzerne kleinere Betriebe immer weiter verdrängt (wie, zeigen wir im nächsten Kapitel). Heute kontrolliert nur noch eine Handvoll von ihnen den Großteil der globalen Nahrungsmittelindustrie. Bei jeder Mahlzeit sitzen sie fast überall auf der Welt mit am Tisch. Je mehr wir essen, desto mehr verdienen sie. »Tischlein deck dich« ist für diese Multis kein Märchen, in dem die Menschheit vom Hunger befreit wird, sondern ein Geschäft. Und zwar ein sehr gutes. Ein vielleicht zu gutes?

In den USA sind heute etwa drei Viertel aller Erwachsenen übergewichtig, mit dramatischen Folgen für die Lebenserwartung und die Gesundheitskosten. Es ist kein Zufall, dass ausgerechnet die Amerikaner ihre Gürtel immer weiter schnallen müssen. In ihrem Land wurde die Esswirtschaft am schnellsten und am konsequentesten auf Effizienz und Masse getrimmt. Sie haben Essen zu einem Billigprodukt gemacht. Von den ersten Fließbändern der Industriegeschichte troff kein Öl, sondern Blut. Es war nämlich nicht das legendäre erste

Fließband-Auto Tin Lizzie von Henry Ford, für das die revolutionäre Arbeitstechnik zuerst eingesetzt wurde, sondern es waren Schweine in einem Schlachthof in Chicago. In den Union Stock Yards des frühen 20. Jahrhunderts standen Männer mit Messern und Äxten bereit, um den gleichmäßig an ihnen vorbeiziehenden Tierhälften die immer gleichen Schnitte und Hiebe zu verpassen. Das sparte Zeit und Geld. Die industrielle Verarbeitung war ein Riesenerfolg. Es war also nur eine Frage der Zeit, bis jemand auf die Idee kam, die Methode auch am Anfang der Produktionskette anzuwenden. Also auf die lebenden Tiere.

Dabei begann die Massentierhaltung mit einem Missverständnis, bevor sie zum Multi-Milliarden-Dollar-Geschäft wurde: Die Steeles aus Ocean View im US-Bundesstaat Delaware hielten sich 1923, so wie viele arme Familien in jener Zeit, ein paar Hühner im Hinterhof. Gegessen wurden die Tiere damals meist erst, wenn sie keine Eier mehr legten. Masthähnchen als reine Fleischlieferanten waren noch unbekannt. Hausfrau Cecile Steele oblag es, sich um die kleine gackernde Schar zu kümmern. Eines Tages bestellte sie 50 neue Küken – und dann ging alles schief. Denn der Lieferant brachte nicht 50 zu ihr nach Ocean View, sondern 500. Warum Cecile Steele die Hühnchen behalten hat, ist nicht eindeutig überliefert. Doch sie blieben. Die Familienlegende der Steeles berichtet, Cecile habe die fluffigen gelben Vögelchen zunächst in einem Klavierkasten untergebracht, weil sie über keinen passenden Stall verfügte. Den zimmerte ihr dann eilig ein Holzfäller zurecht. Das etwas windschiefe Ding ist zwar nicht so legendär wie die Garage von Steve Jobs, war aber die Eizelle eines multinationalen Geschäfts, das die Welt verändert hat: Massentierhaltung. Im Agrarmuseum von Dover in Delaware ist das Steele-Broiler-House Nr. 1 bis heute ausgestellt.

In diesem Stall schaffte Cecile es, 387 Hühnchen über den Winter zu bringen. Im folgenden Jahr verkaufte sie alle, bevor sie Eier legen konnten, für über 60 Cent pro Pfund. Das Masthuhn war erfunden, nur am Leben, um gegessen zu werden. Von ihrem Gewinn kaufte Cecile 1000 neue Küken. Zwei Jahre später waren es 10 000, vier Jahre später 26 000. Heutzutage verspeisen die Amerikaner fast 22 Millionen Hühnchen am Tag, und im Bundesstaat Delaware kommen auf einen menschlichen Einwohner 200 Hähnchen.

Gallus gallus domesticus, das Haushuhn, ist das zugleich erfolgreichste und bemitleidenswerteste Geschöpf auf der Erde. Rein biologisch, also am Fortpflanzungserfolg gemessen, hat es einen unvergleichlichen Triumphzug hinter sich. Aus dem eher unscheinbaren fasanenartigen Bankivahuhn, das nichts ahnend an den Waldrändern Südostasiens vor sich hin pickte, wurde durch Kreuzung und Zucht ein globaler Megavogel, von dem es zu jedem Zeitpunkt schätzungsweise 25 Milliarden gibt. Jeder dritte Vogel auf der Erde ist ein Haushuhn. Weil viele davon in Mastanlagen in nur wenigen Wochen zu Fleischbällen auf zwei Beinen aufgepumpt werden, liegt die Zahl der jedes Jahr geschlachteten Hühner noch viel höher, je nach Schätzung zwischen 45 und 70 Milliarden.

Hybride, das heißt Rassen, bei denen Linien in starker Inzucht miteinander gekreuzt werden, zeigen manchmal den sogenannten Heterosis-Effekt, also eine ganz besondere Leistungssteigerung in einem ganz besonderen Bereich. Dank dieser Methode ernten Bienen mehr Honig, Tomaten werden größer, Roggenähren praller. Beim Hybridmasthähnchen führt die Heterosis zu einer supereffizienten Verwandlung von Futter in Fleisch. Davon abgesehen kann so ein Hybridhahn aber fast nichts mehr, noch nicht mal satt werden. Das Sättigungsgefühl wurde nämlich genauso weggezüchtet wie alles andere, was der Schnellmast schaden könnte. Am Ende ihres kurzen Lebens, nach spätestens 42 Tagen, können einige Masthähnchen nicht einmal mehr stehen, weil ihre dünnen Beinchen und schwachen Muskeln das viele Brustfleisch gar nicht stemmen können. Ließe man so einen Fleischvogel noch weiter zunehmen, kippte er irgendwann einfach vornüber und käme nicht mehr hoch. Er muss rechtzeitig in den Schlachthof, andernfalls droht Tod durch Wachstum.

Pech für *Gallus gallus domesticus*, dass es so fürchterlich effizient Fleisch produziert, so anspruchslos in der Haltung ist und sich so bedarfsgerecht zurechtzüchten lässt. Es ist einfach ideal geeignet, um industriell genutzt zu werden. Hätte dieses Schicksal eine andere Art getroffen, würden wir heute vielleicht über die Haltungsbedingungen von Eichhörnchen oder Bibern diskutieren.

Billig um jeden Preis: Das Prinzip des Big Meat Complex

Wie hochindustriell die globale Fleischproduktion betrieben wird, zeigt sich auch an der geringen Zahl internationaler Unternehmen, die sie kontrollieren. Die Masthähnchen in den

Ställen der Welt sind nämlich nicht etwa viele verschiedene Züchtungen, sondern gehören, von Nischenprodukten abgesehen, zu genau vier Rassen. Vier Rassen, die die Welt ernähren. Und die gehören nicht den Bauern, sondern den Konzernen, von denen sie beliefert werden. Das weltweite Zucht-Oligopol für Masthähnchen besteht aus Merck/Aventis, Tyson Foods, Hendrix/Nutreco und Aviagen. Wo immer auf der Welt Sie sich ein paar Chicken Nuggets oder einen krossen Schlegel vom Grill bestellen: Bei einem der vier klingelt dabei wahrscheinlich die Kasse.

Das 4,99-Dollar-Brathähnchen der Großhandelskette Costco ist in den USA ungefähr so bekannt wie Bibo Big Bird aus der Sesamstraße. Ein Tier für unter fünf Dollar zu zeugen, auszubrüten, zu mästen, zu schlachten, auszuliefern und zu vermarkten, ist sogar für das moderne Broiler-Business so gut wie unmöglich. Costco schafft das nur, weil es kompromisslos auf Massenproduktion setzt. Die Höfe des Unternehmens sind Chicken-Giga-Factorys. In Fremont, Nebraska, steht zum Beispiel eine mit 500 Ställen, wo bis zu zwei Millionen Hühner pro Woche verarbeitet werden. Costco hat eine Milliarde Dollar in diese Hähnchenfabrik investiert. Um das ganze Federvieh zu mästen, sind Futtermengen nötig, die nicht einmal die Soja- und Mais-Einöde von Nebraska zu liefern vermag. Also müssen auch die benachbarten Bundesstaaten mit ran.

Sogar für das Mutterland des Kapitalismus, wo es lange niemanden störte, dass nicht länger Bauern und Bäuerinnen, sondern internationale Konzerne säen und ernten, züchten und schlachten, ist das schwer zu verdauen. In den USA wird inzwischen genauso um Tierwohl und verseuchtes Grundwasser gestritten wie bei uns in Deutschland. Costco muss sich ähnlichen Diskussionen stellen wie bei uns Wiesenhof oder Tönnies – beide sind immer wieder wegen schlechter Arbeitsbedingungen, mangelndem Tierwohl und jeder Menge Umweltdreck in der Diskussion. Fakt ist jedoch: Das »$ 4,99 rotisserie chicken« erfreut sich nach wie vor großer Beliebtheit, Costco verkauft davon jedes Jahr mehr als 100 Millionen.

»Big Meat Complex« nennt man das fast undurchdringliche Geflecht transnationaler Konzerne, die vom Futteranbau bis zur Bratwurst auf dem Grill fast die gesamte Wertschöpfungskette kontrollieren. Die USA sind nach wie vor die Nahrungsmacht Nummer eins auf der Welt, allerdings sind inzwischen zwei neue Riesen auf dem Markt herangewachsen. Einer davon ist Brasilien.

Die brasilianische Regierung hat in den vergangenen Jahrzehnten ganz gezielt wenige große Unternehmen mit Subventionen aller Art aufgebläht, um dem Land eine Poleposition im Rennen um die lukrativen Fleischmärkte zu verschaffen. Mit Erfolg: Brasilien hat ein recht stabiles Wirtschaftswachstum, das in manchen Jahren locker mit dem in sogenannten westlichen Ländern mithalten kann. Konzerne wie BRF, der größte Hühnerfleisch-Exporteur der Welt, besitzen Tochterfirmen auf mehreren Kontinenten. Die Chicken Nuggets bei Lidl oder Netto kommen oft genauso aus Brasilien wie die vorgefertigten Burger-Bratlinge bei McDonald's und Wendy's. Der bereits erwähnte brasilianische Konzern JBS S. A. ist mittlerweile der größte Fleischhersteller der Welt. Aber der Erfolg hat eine Kehrseite, die wir uns später noch genauer ansehen werden: Mit seinen Megafarmen verursacht JBS jedes Jahr viel höhere

CO_2-Emissionen als der gesamte deutsche Autoverkehr. Und um Platz für Tiere und den Soja-Futteranbau zu schaffen, fallen riesige Regenwaldgebiete den Motorsägen zum Opfer.

China beschreitet einen ähnlichen Weg wie Brasilien. Die kommunistische Diktatur hatte mit ihren irren Agrarkonzepten noch Mitte des vergangenen Jahrhunderts die schlimmste Hungerkatastrophe in der Geschichte der Menschheit ausgelöst. Maos »Großer Sprung nach vorn«, in dessen Zentrum die Zwangskollektivierung der Landwirtschaft stand, kostete wohl 50 Millionen Menschen das Leben. Sehr viel kleiner als damals ist der heutige chinesische Größenwahn allerdings auch nicht. In rasendem Tempo werden riesige Farmen gebaut, Monokulturen angelegt und immer größere Landmaschinen eingesetzt.

Klar, die Hungerkatastrophe hat das Land traumatisiert, und genug Essen für alle hat völlig zu Recht oberste Priorität. Die Herausforderung, ein Fünftel der Weltbevölkerung satt zu bekommen, ist schwer zu meistern. Zumal in einem Land mit verhältnismäßig wenig fruchtbarem Ackerland. Schon jetzt nutzt China 56 Prozent seines Staatsgebietes für die Agrarwirtschaft – und die verfügbare Fläche nimmt ab, weil die Böden durch die zu hohe Beanspruchung auslaugen. Also haben die Agrarmanager aufgerüstet.

Eine Antwort auf die fragile Versorgungslage sind Anlagen wie das Schweinehochhaus in Ezhou in der chinesischen Provinz Hubei. Auf 26 Stockwerken wird dort geboren, gemästet, getötet. Wenn die Fabrik fertig ausgebaut ist, sollen hier jährlich 1,2 Millionen Schweine geschlachtet werden. Mit dem Fahrstuhl fahren die Schweine von der Aufzucht zur Mast und am Ende in den »Finisher«. Nebenan wird gleich alles weiterverarbeitet. Von der Geburt bis zum Fleischwolf vergehen nur etwa sechs Monate. Das Konzept ähnelt dem von Al Safi in Saudi-Arabien: alles integriert. Die Sonne bekommen die chinesischen Schweine während ihres kurzen Lebens nie zu sehen und auch nur sehr wenige Menschen, weil viele Arbeitsschritte von Maschinen erledigt werden. Im Grunde kann man sich die Hubei-Schweinefabrik wie einen riesigen Fleischautomaten vorstellen: Oben kommt Soja rein, und unten fallen Würste raus.

Eine weitere Antwort ist die Verlagerung von Anbaufläche. Staatsfonds und staatsnahe Firmen kaufen riesige Ländereien in Afrika und Südamerika, in Neuseeland, Australien und den USA auf, um dort Nahrungsmittel für den heimischen Bedarf zu produzieren. Außerdem grast China die internationalen Food-Märkte ab. Etwa die Hälfte des auf den Weltmärkten gehandelten Sojas wird von China gekauft. Aber nicht für Tofu, sondern ganz überwiegend, um es an Tiere zu verfüttern. So wie an die Schweine im Hubei-Hochhaus.

Auch 162 444 in der saudischen Wüste wird nicht nach dem »Saisonal und regional«-Konzept ernährt. Das wäre schlicht unmöglich. Sie und ihre 50 000 Mitfresserinnen vertilgen jeden Tag etwa 1300 Tonnen Futter. Bis vor einigen Jahren produzierten die Al-Safi-Betreiber einen Teil davon selbst, indem sie fossiles Grundwasser aus der Tiefe hochpumpten und in die Wüste sprühten. Das hat recht gut funktioniert und sah auch noch imposant aus: Weil die riesigen, oft mehrere Hundert Meter langen Bewässerungsanlagen um einen Drehpunkt in der Mitte herumfahren, waren die Wiesen im Sand kreisrund, was auf Satellitenaufnahmen ein bisschen so aussah, als hätte jemand freundliche grüne Gesichter in die gelbe Wüste gemalt.

Seit ein paar Jahren jedoch wirken die meisten dieser Gesichter blass und traurig. Das Wasser, das die Wüste ergrünen ließ, hatte sich vor Zehntausenden von Jahren zwischen dem Sedimentgestein gesammelt. Ein gewaltiger See lag tief unter dem Sand, so groß, dass man ihn für unerschöpflich hielt. Immer mehr Felder wurden angelegt, immer mehr Pumpen angeworfen. Doch wegen der Trockenheit, die heute in der Gegend herrscht, läuft kein neues Wasser nach. Also sank und sank der Grundwasserspiegel. Die Megafarmen haben den flüssigen Schatz einfach verdunstet. Die Regierung konnte schließlich den Kopf nicht länger in den Sand stecken und begrub ihr ehrgeiziges Projekt, eine autarke Lebensmittelproduktion mitten in der Wüste aufzubauen. Seit 2018 ist die Bewässerung von Futterwiesen mit fossilem Wasser verboten. Die grünen Gesichter wurden welk und verschwanden wieder von den Satellitenbildern. Und Al Safi muss seither die 1300 Tonnen Futter, die jeden Tag in den Ställen ausgestreut werden, importieren. Jede einzelne Tonne. Futterpflanzen aus über einem Dutzend Ländern werden um den halben Globus gekarrt, um von Holstein-Kühen in der saudischen Hitze gefressen zu werden. Auch wenn 162 444 das Al-Safi-Gelände während ihres gesamten Lebens niemals verlässt, ist sie also eine ausgesprochen globale Kuh. Sie hat Holstein-Gene, kanadische Vorfahren und käut wieder, was Tausende Kilometer entfernt auf anderen Kontinenten gewachsen ist.

Das globale Nahrungsnetz

Genau wie 162 444 sind wir alle internationale Esser. Unser Nahrungssystem ist auf Effizienz und Profit getrimmt, um die Bedürfnisse einer wachsenden Weltbevölkerung zu stillen. Ein Land allein könnte das gar nicht leisten, und so überzieht ein Netz aus Liefer- und Produktionsketten die Erde. Allerdings mit schwerwiegenden Folgen: Während die Menschen in den ärmsten Ländern der Welt im Schnitt kaum 2000 Kalorien pro Tag zu sich nehmen, stopfen wir Deutschen 3500 in uns hinein und die US-Amerikaner sogar knapp 4000 (zur Erinnerung: Eine ausreichende Ernährung braucht 2500). Bevor sie auf unseren Tischen landen, haben viele dieser Kalorien schon eine lange Reise hinter sich. Wir haben sie importiert. Auf die Hälfte unserer geliebten Bratwürste etwa müssten wir wohl verzichten, wenn wir deutschen Schweinen nur noch deutsches Futter vorwerfen würden. Wir hätten nämlich gar nicht genug Fläche, um so viel Schweinefraß herzustellen. Allein der umstrittene Fleischriese Tönnies aus Rheda-Wiedenbrück, die Nummer vier weltweit, schlachtet pro Jahr mehr als 20 Millionen Schweine. Weil die mit heimischem Futter gar nicht fett zu kriegen wären, arbeitet das Schweine-System international: Die Säue fressen Futter von überall, besonders viel brasilianisches Soja, für das dort Amazonas-Regenwald gerodet wurde. Mal so ganz grob durch den Fleischwolf gerechnet, braucht es für acht sojagemästete Grillwürste eine Fläche, auf der auch ein Quadratmeter Regenwald stehen könnte. Ein Quadratmeter Regenwald für acht konventionelle Würste, da kommt eine Menge Klimawandel raus, wenn man bedenkt, dass wir Deutschen jedes Jahr einige Milliarden davon verputzen.

Aber nicht nur unser Steak oder das Futter für unsere Schweine sind oft einmal um die halbe Welt gereist. Tomaten, die wir uns in Deutschland schmecken lassen, sind an spanischen Sträuchern gesprossen, zum Beispiel in Almería, wo das *mar del plástico* den Boden verdeckt. Wer aus dem Weltraum auf die Erde blickt, könnte annehmen, ein gewaltiger Gletscher habe sich in die südspanische Hitze verirrt. Die weißen Plastikplanen der Gewächshäuser überspannen eine Fläche, die ungefähr der von München entspricht. 15 000 Bauern versorgen von hier aus halb Europa mit Gemüse. Dabei gibt es wohl kaum einen weniger geeigneten Ort als Almería, um so durstige Pflanzen wie Tomaten, Gurken oder Paprika anzubauen. Europas größter Gemüsegarten steht genauso in der Wüste wie der Al-Safi-Kuhstall. Den fruchtbaren Boden dafür mussten die Großeltern noch mit dem Esel in Körben von den Bergen heruntertragen, erzählen sich die Bäuerinnen und Bauern von Almería heute. Weil all das Gemüse aber inzwischen etwa vier Milliarden Euro pro Jahr einbringt, funktioniert es doch irgendwie. Kein anderes Land kauft so viel von diesem Gemüse aus dem Plastikmeer wie Deutschland. Sie sind lecker und saftig, die Tomaten aus Almería. Woher sie kommen, sieht man ihnen nicht an.

Krabben aus Cuxhaven werden – weil dort die Arbeitskräfte billiger sind – in Marokko gepult, bevor sie in Cuxhavener Supermarktregalen auftauchen. Australische Masthähnchen haben amerikanische Gene. Danone-Joghurt schmeckt Amerikanern genauso wie Europäerinnen oder Asiaten. Hähnchenteile aus Deutschland werden in Afrika gegrillt. Ein Zuchtbulle, der seinen Samen in eine Holzkuh im Münsterland spritzt, bekommt irgendwann Nachwuchs in Südafrika. Chinesische Staatsunternehmen kaufen Ackerland in Afrika und arabische Firmen Farmen in den USA. Unser Sushi kommt aus dem Pazifik, das Steak aus Argentinien, die Avocado aus Mexiko, der Apfel aus Neuseeland, die Weintrauben aus Südafrika, der Kaffee aus Kolumbien, Vanille aus Madagaskar, Tee aus Indien. Selbst wenn wir die Bratwurst beim Bauern im Nachbardorf kaufen, ist sie oft eigentlich nicht regional, weil der Bauer seine Schweine vermutlich mit Soja aus Brasilien mästet. Unser Essen kommt von überallher. Es kommt von nirgendwo.

Im globalen Food-System sind die Orte, an denen Nahrungsmittel produziert und verbraucht werden, oft mehrere Tausend Kilometer voneinander entfernt. Die Esswaren werden verarbeitet, verschifft und verpackt, und am Ende weiß keiner mehr, woher sie stammen und wie sie hergestellt wurden. In den etwa 12 000 verschiedenen Produkten, die ein gut sortierter Supermarkt uns anbietet, sind Zutaten verarbeitet worden, über die wir wenig oder gar nichts wissen. Die Industrie dahinter hat die Ernährung revolutioniert. Das ist lange gut gegangen, es hat die Welternährung besser und sicherer gemacht. Es hat sogar Milliarden Menschen das Leben gerettet. Aber jetzt hält uns die Erde ein leuchtendes Stoppschild vor die Nase: Zu lange haben wir nur auf Effizienz geschaut. Und die endlichen Ressourcen des Planeten nicht mit eingepreist.

Deshalb ist es höchste Zeit für die nächste grüne Revolution. Und dieses Mal geht es nicht darum, alles größer zu machen, sondern kleiner. Nachhaltiger. Schonender. Auch saisonaler vielleicht und regionaler. Denn anders als unsere Vorfahren, die ihr Korn mit eigenen Händen gesät, geerntet, gedroschen und gebacken haben, können wir unser Essen nicht mehr fühlen. Wir haben die Verbindung verloren. Und dafür rächt sich die Erde: mit toten Böden, verlorenem Land, verschwundenen Arten und einem Klima, das verrücktspielt.

Manchmal kann man diese uralte Verbindung zu den Tieren, die uns ernähren, aber doch noch spüren. Sogar auf der Al-Safi-Farm, in deren Kälberstation. Hier kommen pro Tag 65 Tiere zur Welt. Und beim Wunder der Geburt – wenn zuerst die kleinen Hufe sichtbar werden, dann liegt der ganze nasse Körper im Stroh, der erste Atemzug des Kalbes und schon wenig später die ersten unsicheren Schritte –, da habe ich für ein paar Minuten vergessen, wo ich bin. Da fühlt sich Al Safi nicht wie eine Milchfabrik an, sondern wie ein Bauernhof. Ein Ort, an dem neues Leben entsteht.

Zur Wahrheit gehört aber auch: Das Kalb wird sofort von der Mutter getrennt. Und nach einem Blick zwischen die Hinterbeine ist klar: In sieben Monaten wird dieses Kalb sterben. Es liefert keine Milch, nur Schnitzel. Auf Al Safi haben Bullen kein Zuhause.

Wir haben Essen in ein Industrieprodukt verwandelt und Tiere in Nummern. Das ist effizient, und das macht uns satt. Aber sehr bald könnte ausgerechnet unser Erfolg uns umbringen, weil er seine eigene Grundlage zerstört. Wie wir an diesen Punkt gelangen konnten, schauen wir uns im nächsten Kapitel an. Denn wir sind, was wir essen. Man könnte sagen: Essen hat uns sogar überhaupt erst zum Menschen gemacht.

3

Die Entdeckung der Mahlzeit
Wir essen, also sind wir

Es gibt wenige Gründe, auf dem Highway 50 durch Nevada zu fahren. Allerdings einen sehr guten: Er gilt als der einsamste Highway der USA. Deswegen wollte ich unbedingt dort hin. Schon als kleines Mädchen strich ich mit dem Finger über die Seiten des Atlas und träumte vom Ende der Welt. Es geisterte mir im Kopf herum, als ich später meinen ersten Roadtrip durch den wilden Südwesten plante. Der Highway 50 klang vielversprechend.

Auf der Karte sieht die Landschaft geriffelt aus wie die Haut einer Klapperschlange: Dunkle Bergpässe und lichte, endlose Ebenen wechseln sich ab, nur unterbrochen von ein paar kleinen Städtchen, deren Diner man noch durch hölzerne Schwingtüren betritt.

Die Touristenströme von Las Vegas und dem Grand Canyon verirren sich nicht hierher, und selbst wenn – man könnte leicht am Grimes Point nahe der Stadt Fallon vorbeifahren. Falls es Sie einmal dorthin verschlägt: Halten Sie an. Denn von dem kleinen, unscheinbaren Parkplatz führt ein Weg direkt in die Vergangenheit. Ein Trampelpfad nur, gesäumt von Basaltbrocken, manche kofferklein, andere groß wie SUVs. Am Anfang bemerkt man nur leichte Unregelmäßigkeiten auf ihrer schwarz-roten Patina – Wüstenlack, der entsteht, wenn im Stein Mangan und Eisen in trockener Luft reagieren. Nach und nach aber lassen sich auf den Brocken erst Muster erkennen, dann Formen: Wirbel und Grassoden, Schlangen und Dickhornschafe, menschliche Figuren. Immer mehr entdeckte ich, während ich durch das Labyrinth aus Felsen wanderte. Es fühlte sich an, als wollte mir jemand etwas zuflüstern, jemand, der schon lange nicht mehr hier war.

Der Norden Nevadas war nicht immer dürr und menschenleer. Vor etwa 10 000 Jahren zog sich der Lake Lahontan zurück, der während der letzten Eiszeit mehrere US-Bundesstaaten bedeckte. Das Land verwandelte sich in ein fruchtbares Feuchtgebiet und zog Menschen und Tiere an. Die Vorfahren des heutigen Toi-Ticutta-Stammes haben die Gravuren in die Basaltfelsen gekratzt und so Nachrichten an uns über ihr Leben hinterlassen. Sie waren Jäger. Wahrscheinlich markierten sie mit den Bildern die Wanderwege ihrer Beute. Die abstrakten Formen könnten von Schamanen stammen, die mit Ritualen die Steine heiligten, damit die Jagd glücklich ausfiel.

Nicht nur die Vorfahren der Toi-Ticutta waren Jäger und Sammler, sondern wir alle stammen von ihnen ab. Die längste Zeit lebten Menschen von dem, was die Natur ihnen bot. Dass wir uns auf allen Kontinenten ausbreiten konnten, wie wir zusammenleben, sogar unser Gehirn verdanken wir der Ernährungsweise dieser frühen Menschen.

Der Mensch hat sich in seiner Entwicklung sehr viel Zeit

gelassen. Seine Geschichte beginnt lange, lange vor den Jägern von Grimes Point: mit dem ersten Mord der Welt, vor ungefähr 3,5 bis 4 Milliarden Jahren, als das Leben auf der Erde erwachte.

Nimmt man eine Wasserprobe aus einem See oder aus dem Meer und betrachtet sie bei 400-facher Vergrößerung unterm Mikroskop, können wir Zeuge dieses ersten Mordes werden, der sich bis heute Tag für Tag, Stunde für Stunde wiederholt. Denn im Wasser schwimmen Einzeller, unter anderem das Wimperntierchen, das wir uns in etwa wie die frühesten Lebewesen in der Ursuppe der Erde vorstellen dürfen: ein Ei mit einem glibberigen Innern und einer feinen, durchsichtigen Hülle. Das Wimperntierchen flippt in der Wasserprobe hin und her wie ein Pingpongball, stößt hier an einen Partikel, dort an eine grünliche Pflanzenzelle. Schließlich kommt es neben einem Kügelchen zum Liegen – einem noch kleineren Einzeller. Da beginnt sich das Wimperntierchen zu verändern. Seine eiförmige Hülle geht auseinander wie ein Teig, stülpt sich über sein Opfer. Das sich auf einmal drinnen in einem fremden Organismus befindet. Wo es nach und nach in seine Bestandteile zersetzt wird.

Der Moment, als der erste Organismus einen anderen verschlang, ist auch der Beginn unserer Geschichte. Überleben, indem man fremdes Leben auslöscht: Nur über diesen brutalen Weg konnten Tiere mit Nervensystem, Verdauungstrakt und Sinnesorganen entstehen, die sich frei durch ihre Umwelt bewegen und sie verändern – erst durch ihre reine Existenz und später, immer stärker, durch ihren Willen. Genau das kennzeichnet das Zeitalter, in dem wir jetzt leben – das Anthropozän, das Zeitalter des Menschen.

Dieser Zweibeiner ist ein ziemlich merkwürdiges Tier. Denn es überlebt nicht nur, sondern bringt Dinge hervor wie Streamingdienste, Schrebergärten und sündhaft teure Turnschuhe, die mehr kosten als ein durchschnittliches Monatseinkommen. Die Sünde selbst hat es auch erfunden, genauso wie Sprache, Religion, Politik, Wissenschaft oder Kunst. Die Frage, die kluge Köpfe schon immer umgetrieben hat: Warum? Was ist die Triebkraft hinter all dem Fortschritt? Ist es ewige Neugier? Die Lust an Macht? Oder ein urtümlicher Drang in unseren Genen, sich immer weiter auszubreiten?

Tatsächlich liegt ein großer Teil der Antwort in einem simplen Grundbedürfnis: Essen. Was wir einst speisten, wie wir die Nahrung beschafften und wer sie besitzen durfte, verrät viel darüber, warum wir so sind, wie wir sind. Anthropologen, die nach dem Ursprung des Menschseins suchen, haben immer auch darauf geschaut. Ihre Erkenntnisse haben das Bild geprägt, das wir von uns selbst haben: wir, die Nachfahren von Wilden, die nur kooperierten, weil der Säbelzahntiger ums Lager pirschte oder ein Mammut erlegt werden musste. Aber stimmt das wirklich? Solche Ideen sagen meistens mehr über den Geist ihrer Schöpfer aus als über die Realität. Und das führt bis heute zu Missverständnissen.

Dabei lässt sich die Geschichte der Menschheit sehr gut daran erzählen, was wir essen. Immer wieder hat sie große Sprünge gemacht, und das geschah nicht durch Zufall oft zur selben Zeit, in der sich die Ernährungsweise veränderte. Von unserem einzigartigen Gehirn über die Entstehung von Städten und Handel bis zu der globalisierten Welt, in der wir heute leben – alles hat mit unserem Speisezettel zu tun.

Was hat uns zum Menschen gemacht?

Vor vier Millionen Jahren taten unsere Vorfahren, die Australopithecinen, die ersten, kleinen Schritte – und zwar aufrecht. Sonst unterschied sie aber nicht viel von Affen. Sie hatten Bäuche und Schnauzen wie Schimpansen, denen auch die Größe ihrer Körper und ihrer Gehirne entsprach. Dann, vor etwa 2,5 Millionen Jahren, veränderte sich etwas: Die Habilinen tauchten auf, die Ersten, die später den Gattungsnamen *Homo* – Mensch – tragen durften. Sie besaßen zwar noch die langen Kletterarme und ein schnauzenartiges Gesicht. Aber ihr Gehirn war fast doppelt so groß wie das der Australopithecinen. Ein wahnsinniger Zuwachs.

Den nächsten Sprung machte *Homo erectus*, vor etwa zwei Millionen Jahren. Ob er bereits sprechen konnte, wissen wir nicht. Wahrscheinlich ist er aber schon elegant auf zwei Beinen durch die Steppe gejoggt, wobei er wiederum ein doppelt so großes Gehirn auf den Schultern trug wie seine Vorgänger. Und womöglich hat er auch schon gezündelt: *Homo erectus* war wohl die erste hominine Art, die Feuer benutzte, koordiniert jagte und laufen konnte wie ein moderner Mensch, der *Homo sapiens*. Bis der erschien, sollte es aber immer noch etwa 1,7 Millionen Jahre dauern. So lange brauchte unser heutiges Riesenhirn, um sich zu entwickeln. Sonst unterscheidet uns eigentlich nicht besonders viel von *Homo erectus*. Zumindest, was die Physiologie angeht.

Bis heute ist vieles in unserer Stammesgeschichte unklar. Vor allem das menschliche Gehirn, in seinem Verhältnis zur Körpergröße einzigartig im Tierreich, wirft Fragen auf (und stellt sich diese dann gleich selbst). Wie konnte es zu diesem Ausnahmefall kommen? Die bis heute plausibelste Antwort liefert die »Expensive Tissue Hypothesis« (auf Deutsch in etwa »Theorie des kostspieligen Gewebes«). Wenn das Gehirn wächst, muss der Körper woanders sparen. Einige Organe wie Herz, Nieren oder Lungen lassen sich nicht verkleinern, wenn der Körper weiter funktionieren soll. Wohl aber der Verdauungstrakt – nämlich dann, wenn er nicht so hart arbeiten muss, weil die Nahrung sich verbessert.

Und zwar dank Fleisch.

Die Australopithecinen, die Vormenschen, ernährten sich fast ausschließlich vegetarisch, von Früchten, weichen Samen, manchmal Honig. Ihre Nachfolger haben aber offensichtlich irgendwann auf Fleischkost umgestellt: Sie besaßen nicht nur immer größere Gehirne, sondern auch schwächere Kaumuskeln und weniger abgenutzte Mahlzähne. Genau in der Zeit, als sich *Homo habilis* zu *Homo erectus* entwickelte, findet man auch einfache Werkzeuge wie Steinsplitter und Schabespuren an Tierknochen.

Fleisch habe uns menschlich gemacht, lautet deshalb eine weithin akzeptierte Theorie. Unser Gehirn konnte erst durch tierische Nahrung zu der Wundermaschine werden, die es heute ist. Einerseits, weil das hochwertige Protein des Fleischs eine höhere Kalorienzahl bringt und schneller verdaut wird als zähe Pflanzenfasern – sodass der Verdauungstrakt schrumpfen konnte. Und andererseits, weil man gut denken können muss, um als kleiner, schwacher Frühmensch wilden Tieren nachzustellen.

Die Fleisch-Hypothese kann nicht nur die Entstehung des

menschlichen Gehirns erklären. Sie wird auch herangezogen, wenn es um die frühesten menschlichen Gemeinschaften geht. Höhlenmalereien und Petroglyphen wie die von Grimes Point zeigen uns, wie frühe Menschen an Fleisch gelangten: Sie jagten in der Gruppe und benutzten Speere, also selbst hergestellte Waffen. Sie mussten wissen, wo sich die umherziehende Beute wann aufhielt, und einschätzen können, welches Tier sich mit der besten Chance auf Erfolg töten ließ. All das erforderte hohe kognitive Leistungen: Kooperation, Kommunikation, Planung, ein Verständnis von der Welt.

Die Frühmenschen waren zwar Jäger *und* Sammler, aber Anthropologen haben sich lange Zeit auf die Jäger konzentriert. Sie seien die wahren Helden, denen wir alles zu verdanken hätten. Danach bestimmt die evolutionäre Anpassung an das Jagen auch alle anderen Aspekte des Lebens, und zwar bis heute: unseren Verstand, unsere Gefühle, die Art unseres Zusammenlebens.

Weil das Jagen eine Gruppenaktivität ist, mussten sich neue soziale Strukturen ergeben. Die Beute musste man schließlich irgendwie aufteilen. Dafür lassen sich viele komplizierte Rituale und Anstandsregeln ausdenken, die eine Gruppe miteinander verbindet – eine frühe Keimzelle von Kultur. In modernen Jäger-Sammler-Gesellschaften lässt sich das noch heute beobachten: Bei den San im südlichen Afrika zum Beispiel gehört ein Tier dem Besitzer des Pfeils, mit dem es erlegt wurde – nicht dem Schützen selbst. Ein besonders talentierter Jäger kommt so gar nicht erst auf die Idee, arrogant zu werden und eine Extraportion zu verlangen. Im Gegenteil: Hat ein San-Jäger besonders viel Glück, setzt er auch mal für ein paar

Wochen aus. Er bekommt dann von dem ab, was die anderen mitbringen. Fast immer gibt es in diesen Gesellschaften einen Teilzwang – beim Essen, aber auch bei Waffen, Töpfen und Werkzeugen. Die Share-Economy ist eine uralte Idee. Hätten unsere Vorfahren schon so gedacht und gehandelt wie heute einige geldgierige Aktienhändler, wären wir wohl ausgestorben. Raubtierkapitalismus liegt also nicht in der Natur des Menschen. Er widerspricht ihr sogar.

Die Fleischeslust soll sogar das Verhältnis von Mann und Frau geprägt haben. Schließlich hätten Frauen nicht so gut an der Jagd teilnehmen können, weil sie kleiner und weniger kräftig sind. Sie sammelten stattdessen Früchte, Gräser und Knollen. Die Frauen brauchten Männer auch, um das kostbare Fleisch vor Fremden und Tieren zu verteidigen. Es gab also eine klare Arbeitsteilung und eine Abhängigkeit zwischen den Geschlechtern.

Roarrrr! Ich starker Mann, du schwache Frau: Diese Interpretation der Fleisch-Hypothese klingt nicht nur nach Männerfantasie, sie ist es auch. Die Anthropologen, die sie aufstellten, waren fast ausschließlich männlich. »Bias« nennt man den gedanklichen Irrweg in der Wissenschaft, wenn man sich von den eigenen Vorurteilen leiten lässt. Mittlerweile weiß man: Unter den Jägern waren öfter auch Frauen – so, wie einige Männer sicherlich auch Knollen ausgruben. Und tatsächlich steuerte die tierische Beute zwar einen hohen Anteil der nötigen Kalorien zum Speiseplan der Frühmenschen bei – sie war aber auch Luxus. Eine weitaus größere Rolle in der Nahrung spielten Knollen und Wurzeln, Früchte und Körner, die vor allem von Frauen gesammelt wurden. Sie mussten genau wissen, wo die zu finden waren, was wann wächst und welche Pflanzen man überhaupt essen kann. Und das Feuer und das Grillen haben womöglich auch die Frauen erfunden und gemanagt (sorry, liebe Grillmänner).

All diese Fähigkeiten und Kenntnisse mussten noch von Generation zu Generation weitergegeben werden. Sie dürften den Menschen mindestens so viel schlauer gemacht haben wie das gemeinschaftliche Jagen. Außerdem war diese Methode der Nahrungsbeschaffung sicherer und zuverlässiger, weil nicht vom Jagdglück abhängig. Nur dank gesammelter Nahrung erreichten die frühen Menschen weit entfernte Gebiete, schließlich konnte niemand wissen, ob unterwegs zufällig eine Antilopenherde den Weg kreuzen würde. Nach dieser Hypothese war es der Beitrag von Frauen, der eine Ausbreitung der frühen Menschen über die Kontinente überhaupt möglich machte. Einige Anthropologen sprechen daher mittlerweile lieber von Sammlerinnen-und-Jäger-Gesellschaften. Die Erkenntnis, dass Frauen und Männer auf dem langen Weg der menschlichen Evolution gleich viel beigetragen haben, ist doch sehr beruhigend.

Die strikte Trennung der Geschlechter ist nicht das einzige Missverständnis, das Anthropologen mittlerweile anzweifeln. Auch das Fleischessen selbst ist in der Vergangenheit wohl überbewertet worden. Der britische Anthropologe und Primatologe Richard Wrangham hat in seinem Buch *Feuer fangen* eine neue Hypothese aufgestellt: Nicht das Fleischessen, sondern das Kochen habe den Menschen zum Menschen gemacht. Schließlich kostet es viel Zeit und bringt wenig Kalorien in den Bauch, wenn man stundenlang auf rohem, sehnigem Wildtierfleisch herumkauen muss. Gegrillt beißt es sich leichter und verdaut sich besser. Außerdem erweiterte sich das verfügbare Nahrungsangebot insgesamt, weil viele Knollen und Früchte erst durch Kochen genießbar werden. *Homo* konnte sich nun also den einen oder anderen energiefressenden Gedanken gönnen.

Heute geht die Wissenschaft davon aus, dass es zwei Sprünge waren: Das Fleischessen hat *Homo erectus* hervorgebracht, das Kochen den modernen Menschen. Fakt ist: Hätten die Vor- und Frühmenschen nicht ihren Speisezettel geändert, säßen wir wohl immer noch auf Bäumen.

Nach einiger Zeit auf der Landkarte der Geschichte stellte der moderne Mensch seinen Speisezettel sowieso noch einmal um. Dieser Wandel hat unsere Kultur noch viel stärker geprägt als das Fleischessen und Kochen. Schließlich fleht niemand Gott an: »Unser täglich Schnitzel gib uns heute.« Wir wollen Brot.

Die ersten Genetiker der Welt

Im Spätsommer im Auto durch Deutschland. Die Straße liegt glatt und einladend vor mir. Am tiefblauen Himmel leuchtet eine gelbe Sonne, es ist warm, aber nicht mehr heiß. Das Licht zieht einen sanften Filter über die Landschaft, wie auf den alten Polaroidfotos meiner Kindheit. Durchs offene Autofenster trägt der Wind einen satten Duft. Auf den Feldern wiegen sich Ähren, kilometerweit gelber Weizen, dann hoher Mais, die Blätter schon trocken und hellbraun – es ist Erntezeit. Die

Luft schmeckt nach letzten Ferientagen und Glück. Meine Mitfahrer im Auto lächeln still vor sich hin.

Aber dann ein Schild: TESTFELD!

Hier wird Genmais angebaut. Genmais! Das Lächeln ist verschwunden, die Stimmung ruiniert. Als ob da Zombies über die Felder wankten, mit Monsterfratzen statt prallen, goldenen Kolben.

Dabei ist Mais sowieso schon eine menschengemachte Monstrosität. Legt man ihn neben den Urmais, die Teosinte aus Lateinamerika, wird das besonders deutlich: Gerade mal fingerlang ist deren Frucht, ihre Ähre mehr zartes Pflänzlein als dicker Kolben, und peinlich wenige Körner sitzen darauf. Daneben sieht unser Mais aus wie Roggen auf Steroiden. Jahrtausendelang hat der Mensch die Teosinte gezüchtet. Zuerst, indem er sich zufällige Mutationen zunutze machte und nur Pflanzen mit bestimmten Besonderheiten aussäte. Später kreuzte er bewusst verschiedene Arten, um gewünschte Eigenschaften zu erzeugen. Zum Beispiel, indem er den Pollen einer Pflanze auf eine andere strich – und damit ihre Gene veränderte. So lange, bis am Ende der moderne Mais herauskam, ein goldener Kraftprotz, der in der Sonne glänzt wie ein geölter Bodybuilder.

Und der Mais ist keine Ausnahme: Reis, Weizen, Tomaten, Hühner – so gut wie jede Art, die wir als Lebensmittel nutzen, haben wir unseren Bedürfnissen entsprechend zurechtgezüchtet. Damit sie alle zur selben Zeit reif werden, wir besser an ihre Früchte kommen oder ihnen riesige Fleischbrüste wachsen. Seit der Antike spielen wir am Erbgut fast aller großen Nutztiere herum. Bei Pflanzen ging es sogar noch viel früher los. So wenig romantisch es klingt: Landwirtschaft ist in ihrem Kern ein manipulatives Geschäft.

Die Teosinte kommt vielleicht mickrig daher – aber nur in den Augen der Menschen. Vom Standpunkt der Natur aus gesehen, ist sie ihrem gezüchteten Verwandten meilenweit überlegen. Denn beim modernen Mais sind die Spelzen, die in der Wildnis die Körner vor Fressfeinden schützen, so zurückgebildet, dass sie uns nicht beim Kauen stören. Statt vieler Ähren besitzt er nur noch ein bis drei, was das Ernten leicht, die natürliche Befruchtung aber schwierig macht. Und selbst wenn die gelingt: Beim modernen Mais fallen die Körner nicht mehr von selbst zu Boden, um eine neue Pflanze keimen zu lassen. Und landet doch mal ein Kolben auf der Erde, verhindern die vielen nebeneinanderliegenden Körner, dass auch nur eines davon wächst.

Der moderne Mais braucht uns, um zu überleben. Seine Fortpflanzung funktioniert nur auf eigens angelegten Feldern, die nur sesshafte Menschen beackern können. Wir haben vielleicht den Mais domestiziert – aber er in vielerlei Hinsicht auch uns.

Vor etwa 10 000 Jahren begannen die Sammlerinnen und Jäger, ihren nomadischen Lebensstil aufzugeben, um von nun an Mais und andere Pflanzen zu züchten. Unsere gesamte Zivilisation gründet darauf. Aus Dörfern wurden Städte und Imperien. Arbeitsteilige Gesellschaften mit komplexen Kulturtechniken und Gesetzen entwickelten sich. Nicht mehr alle mussten bei der Nahrungsbeschaffung helfen, sodass Berufe entstehen konnten: um Gegenstände herzustellen, Götter anzubeten, Dienstleistungen anzubieten oder die Sterne zu erforschen. Und natürlich musste jemand diese ganzen Leute regieren.

So begann ein Prozess, der bis heute andauert und der den Planeten verwandeln sollte wie nichts vorher – ein Prozess, der nur möglich wurde, weil wir unsere Ernährungsweise änderten. Nicht umsonst kennen wir die Sesshaftwerdung des Menschen als »neolithische Revolution«, als Beginn der Zivilisation. Geprägt hat den Begriff der Archäologe Gordon Childe in den 1930ern. Obwohl »Revolution« eigentlich nicht ganz richtig ist.

Der Übergang zu Ackerbau und Viehzucht verlief nämlich nicht plötzlich, sondern schleppend: Die ersten Bewohnerinnen und Bewohner von festen Siedlungen jagten und sammelten auch dann noch weiter, als sie schon Sorghum oder frühe Arten von Reis anbauten. Genauso, wie es schon vor dem Ackerbau Kultur und Regeln fürs Zusammenleben gegeben hatte. Kein früher Mensch sagte sich wohl: »Wow, jetzt sind wir sesshaft. Tolle Idee! Wieso sind wir nur nicht vorher daraufgekommen?« Eher waren das Experimente, die auch aufgegeben wurden, um doch wieder durch Steppe und Wälder zu streifen. Zum Beispiel, wenn sich die Bedingungen für Landwirtschaft verschlechterten, weil sich etwa Klima oder Umwelt veränderten.

Trotzdem: Der neue Lebensstil war insgesamt so erfolgreich, dass fast alle Menschen nach und nach sesshaft wurden, und zwar an den unterschiedlichsten Orten der Erde. Wer nicht mitmachte, wurde Schritt für Schritt in die weniger attraktiven Ecken der Welt zurückgedrängt: auf abgelegene Inseln, in Gebiete jenseits der Polarkreise, in unfruchtbare Wüsten oder tief in den Dschungel, wo heute noch Sammlerinnen-Jäger-Gesellschaften leben.

Irgendetwas muss dran sein am Sesshaftsein, wenn es sich so erfolgreich durchgesetzt hat – und letztlich so rasant. Stellt man sich die Geschichte der Menschheit als einen Tag vor, in dem jede Stunde 100 000 Jahren entspricht, haben wir von Mitternacht bis weit nach Sonnenuntergang als Jäger-Sammlerinnen gelebt. Erst sechs Minuten vor der nächsten Mitternacht haben wir angefangen, Ackerbau zu betreiben und Tiere zu halten. Und so wie heute – mit nationalen Küchen und Gewürzen und Tiefkühlgerichten – essen wir erst seit dem Bruchteil einer Sekunde. Sechs Minuten Ackerbau und Viehzucht haben also mehr verändert als 23 Stunden und 54 Minuten Sammeln und Jagen.

Nicht umsonst haben unsere Vorfahren die Sesshaftwerdung als Einschnitt wahrgenommen. Bei den Sumerern begründen Aschnan und Lahar, die Göttinnen des Getreides und der Schafe, die Zivilisation – indem sie den Menschen die Landwirtschaft bringen. Bei den Mayas brauchten die Götter drei Versuche, um die Menschen zu erschaffen: erst aus Schlamm, danach aus Holz. Aber erst beim dritten Versuch mit Mais kamen die ersten Menschen aus Fleisch und Blut und mit Seele auf die Welt. In den Schöpfungsgeschichten haben wir die Erinnerung an die neolithische Revolution bewahrt.

Bauern beherrschen die Natur

Aus Gruppen von 20 bis 30 Menschen wurden Siedlungen mit 200 oder 300. Aber es sollte noch lange dauern, bis sich aus vielen solcher Dörfer schließlich um 3500 vor Christus in

Mesopotamien die erste Metropole der Welt entwickelte: Uruk, mit Tempelanlagen, Wohn- und Arbeitsvierteln, mitten in einem fruchtbaren Land zwischen Euphrat und Tigris im heutigen Irak. In seiner Blütezeit lebten in Uruk 50 000 bis 80 000 Einwohner. Wahrscheinlich schlug man sich hier mit den ersten Beamten der Geschichte herum, denn Uruk besaß eine Verwaltungsstruktur und eine eigene Schrift. Drum herum lagen Hunderttausende Hektar Acker- und Weideland mit einem ausgeklügelten Kanalsystem – Überbleibsel der Dörfer, aus denen die Stadt einst gewachsen war. Tatsächlich waren 80 Prozent der Bevölkerung Uruks Bauern.

Die produzierten mehr, als sie selbst brauchten – den Überschuss sackte die herrschende Elite ein, um ihn zu verspeisen oder machtsichernd zu verteilen. Wo mehr ist, als man selbst zum Überleben braucht, entstehen Tausch und Märkte, Geld und Gesetze.

Was Uruks Beispiel zeigt: Wenn Menschen Ackerbau und Viehzucht betreiben, verändert sich die Gesellschaft. Weil nicht mehr alle dieselbe Arbeit verrichten – also sammeln und jagen –, widmen sie sich anderen Dingen. Ob nomadische Kleingruppen je das Rad, die Schmiedekunst oder die Töpferei erfunden hätten, ist ungewiss. Sesshaftigkeit und Landwirtschaft boten ihnen die Möglichkeit dafür. Andersherum verbesserten all diese Erfindungen wiederum die Landwirtschaft: Mit Hacken konnte man den Boden wirksamer bearbeiten, in Töpfen Nahrung lagern und kochen, vor den Karren ließen sich Tiere spannen. Für Jäger-Sammlerinnen-Gesellschaften war Besitz Ballast, alle hatten ungefähr gleich viel. Kategorien wie Arm und Reich, Herrscher und Beherrschte brauchte der

Mensch nicht. Ungleichheit und Unterdrückung sind ohne Besitz nicht denkbar, Besitz können nur Sesshafte anhäufen, und sesshaft konnte damals meist nur leben, wer Ackerbau und Viehzucht betrieb. Dass wir heute als IT-Beraterin oder Solarthermie-Installateur arbeiten, dass wir bei Behörden Anträge einreichen müssen und viele von wenigen regiert werden – all das ist eine direkte Folge der Sesshaftwerdung.

Die gab den Menschen in ihren Dörfern und Städten auch ein Mittel, um sich von ihren Nachbarn abzugrenzen. Sie schenkte ihnen Kultur und Identität. Der griechische Geschichtsschreiber Herodot verfasste für seine Landsleute Berichte über die Welt, so wie sie 500 vor Christus aussah. Wenn er ihnen ein Bild von fernen Ländern und fremden Menschen malte, beschrieb er gern deren Essgewohnheiten, denn die machen das Bild erst bunt. So verspeisten die zivilisierten Perser laut Herodot große Mengen Braten und Alkohol, das barbarische Reitervolk der Massageten dagegen rohe Milch und – wie schrecklich! – sogar Menschenfleisch. Herodots Schriften sind nicht immer wahrheitsgetreu, aber ein wundervolles Zeugnis davon, wie viel Wert antike Gemeinschaften darauf legten, sich und andere durch ihre Speisen zu charakterisieren. Noch einmal 2000 Jahre später sollten die Nahrungshandelsrouten der Seefahrer die Erde wie ein riesiges Kommunikationsnetz überziehen – der Beginn der Globalisierung. Essen trennte Kulturen also nicht nur voneinander – es verband sie gleichzeitig.

Und auch unser Körper hat sich weiter verändert, obwohl die neolithische Revolution auf unserer Menschheitsuhr ja gerade erst vor ein paar Minuten stattgefunden hat. Tiermilch vertragen wir Menschen zum Beispiel erst seit gut 10 000 Jahren, und nicht alle gleich gut: Heute wissen wir, dass nur durch eine eher junge genetische Mutation fast alle Nordeuropäer Tiermilch ohne Bauchschmerzen und Blähungen trinken können. Die meisten Asiaten können das nicht. Das ist nicht die einzige Art, auf die unser Körper auf sesshaftes Leben reagiert hat. Ich kann Ihnen verraten: Hübsch war es nicht.

Die Spuren der Arbeit

Die neolithische Revolution ist keine reine Erfolgsstory. Denn als wir die Jäger und Sammlerinnen zurückließen, um Ackerbau und Viehzucht zu betreiben, haben wir Ernährungssicherheit und Zivilisation mit einseitiger Ernährung und mehr Krankheiten bezahlt. Die neuesten Erkenntnisse aus Archäologie und Anthropologie stellen unsere Vorstellungen von Fortschritt auf den Kopf. Der Mensch ist nämlich nicht zum Bauer geworden und von da an stolz und aufrecht einer glänzenden Zukunft entgegenmarschiert. Im Gegenteil: Er wurde erst einmal kleiner und kränker.

Im Fall des östlichen Mittelmeerraums und der Levante können Forschende sogar genaue Zahlen nennen, weil sie Skelette verglichen haben: Waren die Sammlerinnen und Jäger in der Region durchschnittlich je 1,65 und 1,77 Meter groß, maßen die Frauen nach der Sesshaftwerdung nur noch 1,52 und die Männer 1,65 Meter.

Infektionskrankheiten wie Lepra, Tuberkulose und Malaria verbreiteten sich überall dort schneller, wo viele Menschen eng zusammenlebten. Dazu tauchten Skorbut, Rachitis, Pellagra und Anämie auf – Mangelernährungskrankheiten, die Jäger und Sammlerinnen kaum kennen. Ebenso wenig wie Zahnverfall, unter dem die Ackerbauern oft litten, weil sie so viel getreidehaltige Nahrung zerkauten. Im Mund zerfällt sie zu Glukose, die den Zahnschmelz angreift.

Weil Nahrung nun immer verfügbar und der Lebensstil eben »gesettelt« war, gebaren Frauen außerdem alle 2,5 Jahre Kinder statt nur alle vier – mit den entsprechenden Folgen für ihren Körper und die Müttersterblichkeit. Insgesamt litten aber Männer wie Frauen unter einer schlechteren Gesundheit, und das kostete sie Lebenszeit. Wie viel, zeigen fossile Untersuchungen am Beispiel des Illinois River Valley in den Vereinigten Staaten: Die Menschen dort wurden mit der Einführung der Landwirtschaft im Durchschnitt statt 26 nur noch 19 Jahre alt.

Ein Bauer am Beginn der neolithischen Revolution ackerte neun Stunden pro Tag – härter und länger als jemals zuvor –, und das für eine Ernährung, die krank machte und weniger vielfältig war – und ist: Von Zehntausenden essbaren Pflanzenarten auf der Welt haben wir nur 600 auf dem Speisezettel.

Die Hadza-Nomaden in Tansania verbringen bis heute im Schnitt nur 14 Stunden pro Woche mit der Nahrungsbeschaffung. Traditionelle Stämme der San im südlichen Afrika brauchen zwischen 12 und 19 Stunden in der Woche, um alle satt zu bekommen. Von einem Forscher gefragt, wieso sein Volk nie auf Ackerbau umgesattelt habe, antwortete ein San mit einem Satz, der in Anthropologenkreisen legendär geworden ist: »Warum sollten wir pflanzen, wenn es so viele Mongongo-Nüsse auf der Welt gibt?«

Gute Frage.

Wieso also haben wir begonnen, auf dem Acker zu schuften, obwohl die Erde uns schon Mongongo-Nüsse schenkt? Warum haben wir uns auf die Sesshaftigkeit eingelassen, wenn sie so viele Nachteile hatte? Schuld könnte ein Klimawandel gewesen sein: Das Wetter wurde damals erst unbeständiger, dann wärmer und trockener – wodurch sich auch die wild verfügbaren Pflanzen und Tierpopulationen veränderten. Womöglich lernten die Menschen deshalb, zuverlässigere Nahrungsquellen zu schätzen, die sie selbst anbauten und als Nutztiere züchteten. Eine andere Theorie: Die Jäger hatten die großen Herden schon so dezimiert, dass sie nicht mehr auf reines Jagdglück bauen konnten.

Durch die Archäologie wissen wir: Kaum hatte sich der Mensch dauerhaft niedergelassen, begann er zu feiern. Party Time! Es scheint plausibel, dass komplexere Gesellschaften mit mehr Menschen auch mehr Wert auf sozialen Status legen – und wie ließe sich der besser demonstrieren als durch ein großes Fest. Dafür braucht man allerdings mehr Essen, als sich an einem Tag sammeln lässt. Einige Wissenschaftler und Wissenschaftlerinnen schieben die neolithische Revolution sogar komplett auf den Alkohol, weil wir, einmal auf den Geschmack gekommen, nicht mehr davon lassen wollten. Denn wer ständig umherzieht, kann nicht aufwendig Bier, Met und Wein fermentieren und die dann noch mitschleppen. Suff als Zivilisationsmotor? Möglich, aber wohl doch eher eine rauschhafte These.

Vielleicht ist die Antwort ganz simpel: Wir taten es, weil wir es konnten. Möglicherweise haben die Jäger-Sammlerinnen-Gesellschaften immer mehr Wege entdeckt, die Umwelt nach ihrem Willen zu formen – durch die Beherrschung des Feuers etwa oder den Anbau von Luxusprodukten wie Chili und Pfeffer, zwei der frühesten Kulturpflanzen –, und haben Gefallen daran gefunden. Die neolithische Revolution ist der Moment, in dem sich unsere Einstellung zur Welt grundlegend änderte. Statt in ihr und mit ihr zu leben, schwang sich der Mensch zum Bezwinger und Beherrscher der Natur auf. Die Konsequenzen sind heute überall zu erkennen. Landwirtschaft und Viehhaltung haben unsere Länder entwaldet und Böden ausgelaugt, haben Wildtiere und -pflanzen verdrängt, Flüsse und Meere vergiftet. Das fruchtbare Gebiet zwischen Euphrat und Tigris, in dem die Großstadt Uruk erblühte und wo Weizen, Gerste und Linsen zum ersten Mal kultiviert wurden, ist heute zu 90 Prozent Wüste. Oft nehmen wir Umweltzerstörung als ein Problem unserer Zeit wahr. Tatsächlich begann sie schon vor Tausenden von Jahren. Von Bezwingern der Natur sind wir zu Abhängigen der Nahrungsindustrie geworden.

In die Falle gegangen

Zum Abschied an die weißen Kartoffeln, so viel Glück sie auch brachten.
Wie froh sie uns machten, wenn sie dampfend vor uns lagen, fast, als lächelten sie uns zu.

Sie nährten die Mutter, den Sohn von Kindheit an.
Sie nährten die Starken, die Schwachen,
sie nährten die Reichen und die, die nichts hatten.

Doch, ach! So viel Jammer, endlos Gequälte,
denn sie vergingen, ganz ohne Frost oder Härte.

Peatsaí Ó Callanáin war nur ein einfacher irischer Farmer, und doch hat er die Hoffnung und Verzweiflung eines ganzen Landes in diese Zeilen gebannt. Er schrieb »Rann na bhFataí nDubh« – die Ballade von den Schwarzen Kartoffeln – wahrscheinlich 1847, in dem Jahr, als die Große Hungersnot Irlands am fürchterlichsten wütete. Ausgelöst hatte sie eine Krankheit, die Kartoffeln schwarz und ungenießbar werden lässt.

Dabei galt die Kartoffel bis dahin als fantastisches Geschenk aus den Kolonien in Übersee. In den Jahrhunderten zuvor hatten Seefahrer die Erde erobert und Weltmächte geschaffen, die Zucker, Tee und Pfeffer von Plantagen in den fernen Ländern Asiens und Amerikas importierten. Den Europäern standen nun viel mehr Ressourcen zur Verfügung, insbesondere die Kartoffel wurde nach und nach zum gefeierten Wunderessen. Schließlich brachte sie auf derselben Fläche zwei- bis viermal so viele Kalorien ein wie Weizen, Hafer oder Roggen. Sie wuchs in nur drei Monaten statt in zehn, und das sogar auf magerem Boden. Herrscher in ganz Europa wiesen ihre Untertanen ab dem 17. Jahrhundert an, Getreide durch die Superknolle zu ersetzen, darunter Russlands Zarin Katharina die Große und König Friedrich der Große von Preußen. In Österreich drohten Bauern 40 Peitschenhiebe, sollten sie sich weigern, dem Befehl Folge zu leisten. Ludwig XVI. von Frankreich und Königin Marie Antoinette trugen auf festlichen Banketten Kartoffelblüten zum Schmuck.

Aber nirgends nahm die Kartoffel – auf Geheiß der englischen Führer – eine so große Rolle ein wie in Irland. Und deshalb wurde auch kein anderes Land so hart getroffen, als die Kartoffelfäule ein Leichentuch über Europa ausbreitete. Mehrere Jahre hintereinander fielen ganze Ernten durch die Pflanzenkrankheit aus. Eine Million Iren starben während der Großen Hungersnot, zwölf Prozent der Bevölkerung. Und das zu einer Zeit, als die Industrialisierung gerade volle Fahrt aufnahm, die doch den Menschen Fortschritt und Wohlstand versprach. Wie konnte das sein?

Tatsächlich ging es den Menschen in Europa im 19. Jahrhundert sogar schlechter als noch kurz zuvor. Immer wieder wurden Teile des Kontinents von Hungersnöten gebeutelt, und in den USA sah es nicht viel besser aus. Es war paradoxerweise genau der Erfolg der Industrialisierung, die in den USA um 1800 und in Europa etwa 30 Jahre später einsetzte, der den Menschen zum Verhängnis wurde. Weil die Sterblichkeit abnahm und die Geburtenrate stieg, kletterte die Zahl der Europäer im 19. Jahrhundert von 170 auf 400 Millionen. Die landwirtschaftliche Produktion stieg zwar ständig an, sie wuchs aber nur noch halb so stark wie die Bevölkerung.

Es schien ganz so, als würde die Katastrophe eintreten, die der britische Ökonom Thomas Malthus schon 1798 drohen sah. Er beschrieb, was heute als »Bevölkerungsfalle« bekannt ist: Die Bevölkerung wächst unter guten Bedingungen sprunghaft, landwirtschaftliche Produktion aber immer nur linear. Das bedeutet: Egal, wie viel effizienter wir arbeiten – mehr Nahrung heißt auch mehr Menschen, und dieser Zuwachs frisst jeden Überschuss gleich wieder auf. Die Folgen sind Krieg, Krankheit, Verelendung – und Hunger.

Sogar die Kartoffelfäule von 1847 hatte Malthus vorausgesagt: »Ist es denn nicht möglich, dass die Kartoffelernte eines Tages einfach ausbleibt?«, warnte er vor den Plänen der britischen Regierung, die Iren zu sehr von der Knolle abhängig zu machen – eine Mahnung, die man auch den Lebensmittelkonzernen heute entgegenbringen könnte, weil sie den Großteil der Welt mit gerade mal vier *cash crops* ernähren.

Was Malthus Ende des 18. Jahrhunderts nicht vorhergesehen hat: Seine Annahme, dass Produktion immer nur linear wächst, ist falsch. Dank Technik und Chemie, die in den 200 Jahren nach Malthus erst richtig loslegten, gelang es der Landwirtschaft, ihre Wachstumsraten zu vervielfachen. Es wirkt zwar so, als wären wir bis weit ins 20. Jahrhundert immer knapp vor der Bevölkerungsfalle davongerannt. Schließlich gingen Fortschritt, Kriege und große Hungersnöte in dieser Zeit ständig Hand in Hand. Doch bisher ist die Falle nie zugeschnappt. Und das haben wir Entwicklungen zu verdanken, die etwa zur selben Zeit Fahrt aufnahmen, als in Europa die Kartoffelfäule wütete.

Das Geheimnis liegt im Mist

Als Alexander von Humboldt 1804 nach fünf Jahren Entdeckungsreise durch Lateinamerika zurückkehrte, hatte er kistenweise Schätze im Gepäck: Gesteinsproben von fernen Andengipfeln, Karten von Flüssen und Meeresströmungen, präparierte Blätter und Schmetterlinge, das Fell des bis dahin unbekannten Rotrückensakis und Dahlien, heute eine der beliebtesten Zierpflanzen bei uns. Aber das wahrscheinlich bedeutendste Mitbringsel: ein paar stinkende, gelblich-braune Brocken, von den Inkas Huanu und von europäischen Einwanderern Guano genannt – Vogelmist, den man dort zum Düngen benutzte. Doch die Proben verschwanden in den Archiven.

Schon vor Tausenden von Jahren sammelte man in China menschliche Ausscheidungen und verteilte sie auf dem Acker. Die Römer pflügten Pflanzen unter, um den Boden zu verbessern. Spätmittelalterliche Alchemisten experimentierten mit Substanzen, um die Erträge der Landwirtschaft zu steigern. Die Menschen wussten also schon seit Ewigkeiten, dass Düngen ihren Feldfrüchten beim Wachsen hilft. Sie wussten nur nicht, warum.

Der deutsche Chemiker Justus Liebig wollte es genauer wissen. Er schrieb staunend über den »Mistkultus«, den frühere Kulturen betrieben hatten, als »sei ein unbegreifliches Etwas in dem Mist, was nur im Mist und nicht in anderen Dingen stecke« und »was vom Schleier der Isis verhüllt sei«. Und er ärgerte sich über die Renitenz der Landwirte, die immer nur alles genauso machten wie ihre Väter und deren Väter.

Liebig gelang es, den Schleier der Isis zu lüften. Er erkannte nicht nur, dass man dem Boden die Nährstoffe zurückgeben muss, die ihm Ackerpflanzen entziehen – Kalium, Phosphor und vor allem Stickstoff in Form von Ammoniak, Nitrat oder Nitrit. Sondern er machte auch das Gesetz des Minimums bekannt. Das besagt, dass der Ertrag einer Pflanze immer nur so hoch sein kann, wie es das Spurenelement zulässt, das in der geringsten Menge vorhanden ist. Heißt: Ich kann noch so viel Phosphor zusetzen – wenn es der Pflanze an Stickstoff mangelt, wird sie nicht größer. Und andersherum.

Diese Erkenntnis öffnete ungeahnte Möglichkeiten in der Landwirtschaft. Und nun erinnerte man sich auch wieder an Humboldts Guano. Kein anderer natürlicher Dünger ist so reich an Phosphor und Nitrat. Eine regelrechte Guano-Manie setzte ein, und alle wollten auf einmal etwas von dem Vogeldreck abhaben. Die USA erlaubten ihren Bürgern, unbewohnte Inseln zu besetzen, auf denen Kormorane, Chilepelikane oder Tölpel ihren Mist ablagerten. Allein Großbritannien importierte 200 000 Tonnen Guano im Jahr, und bald musste man auch außerhalb von Peru danach suchen, in Indonesien etwa oder Südafrika. Denn der Hunger der wachsenden Bevölkerung war so groß, dass die Vorräte Anfang des 20. Jahrhunderts schon wieder erschöpft waren. Heute entdecken Hobbygärtner den Guano zwar wieder für sich – aber der stammt fast ausschließlich aus Fledermaushöhlen, nicht von Vogelinseln.

Damals schätzte man – zugegebenermaßen stark übertrieben –, dass die natürlichen Nitratvorkommen in wenigen Jahrzehnten verbraucht sein würden. Aber die Menschheit wusste nun, wie der Stoffhaushalt von Pflanzen funktioniert. Und was man versteht, das kann man auch manipulieren.

Brot aus Luft

Was wäre, wenn wir Menschen ganz unabhängig von der Natur sein könnten? Schließlich braucht die so furchtbar lange, bis sie Rohstoffe wie Guano hervorbringt. Immerhin ist in der Luft sowieso reichlich Stickstoff vorhanden – sie besteht sogar zu 70 bis 80 Prozent daraus –, den aber weder Pflanzen noch wir

Menschen direkt aufnehmen können. Der Traum vom »Brot aus der Luft« trieb Chemiker schon seit den Erkenntnissen von Justus Liebig um. Wahr wurde er erst mit einem Tropfen, der am 2. Juli 1909 aus einem Apparat mit Kesseln und Schläuchen auf einem Tisch in Fritz Habers Labor in Karlsruhe fiel.

Der junge Chemiker hatte herausgefunden, dass sich Stickstoff und Wasserstoff unter Druck und bei rund 450 Grad Celsius zu Ammoniak synthetisieren lassen. Die Vertreter des Chemieunternehmens BASF, des Auftraggebers von Haber, wurden an diesem Tag Zeuge, wie der erste künstliche Dünger in die Welt tropfte. Glücklich schüttelten sie Hände und übertrugen ihrem Chefchemiker Carl Bosch die Aufgabe, aus dem Tischapparat eine funktionierende Industriemaschine zu bauen. Bosch meisterte das mit Bravour, und 1914 stellte allein die BASF-Fabrik in Oppau 20 Tonnen Ammoniak täglich her.

Von der Dreifelderwirtschaft über den Mähdrescher bis zur Legebatterie: Von allen Entdeckungen und Erfindungen, die aus der Landwirtschaft eine Massenindustrie gemacht haben, ist wohl keine so bedeutend wie das Haber-Bosch-Verfahren. Ohne künstlichen Dünger könnten wir auf der Erde 1,5 Milliarden Menschen ernähren. Alle Menschenleben darüber hinaus gehen aufs Konto dieser beiden Männer.

Wie man Menschen das Essen lehrt

Wer 1851 die Weltausstellung in London besuchte, dem hätten vor Appetit die Augen übergehen können, so viele bunte Büchsen fanden sich dort: Hammel- und Kalbfleisch, Sahne und

Puddings, grüne Erbsen und Rote Bete, geschmorte Pilze, Kabeljau, Lachs und Austern – alles konserviert und damit jederzeit verfügbar für den Gaumen. Doch die Parade der Delikatessen fand wenige Freunde. Bis lange nach ihrer Erfindung waren Konserven teurer Luxus – und der Normalbürger fürchtete sie sogar. Schließlich konnte man in den verschlossenen Dosen weder Qualität noch Menge des Gekauften überprüfen. Traditionelle Verfahren wie Dörren, Räuchern, Salzen, Pökeln und Einlegen schienen da sicherer.

Aber bis zur Jahrhundertwende hatte die Industrialisierung auch die Menschen selbst verändert. Die Mehrheit arbeitete jetzt in Fabriken und hatte wenig Zeit zum Selberkochen. Gegessen wurde vor der Schicht am frühen Morgen und dann noch einmal spätabends, wenn man nach Hause kam.

Auch fürs Stillen blieb keine Zeit, und bei den Reichen galt das sowieso als unschicklich, sie hatten dafür Ammen. Nur 15 Prozent aller Säuglinge bekamen nach Schätzungen damals in Europa die Mutterbrust. Gleichzeitig erreichte ein Viertel der Kinder das erste Lebensjahr nicht. Der Schweizer Kaufmann Henri Nestlé, in Frankfurt geboren als einfacher Heinrich Nestle, nahm sich dieses Missstands an. Was Kindern guttut, war ja hinlänglich bekannt: Milch, Brot und Zucker. Also begann Nestlé, in seiner Fabrik Zwieback zu zerstoßen und mit einer Paste aus Milch und Zucker zu vermischen. Die Melange wurde getrocknet und mit Kaliumcarbonat vermengt, um deren pH-Wert konstant zu halten, damit sich das Gemisch auch verdauen ließ. Mit dem so entstandenen »Kindermehl« begann der Aufstieg des Nestlé-Konzerns.

Kondensmilch, Margarine, Schmelzschokolade, löslicher

Kaffee – all das waren Produkte, die bis 1900 zum ersten Mal auftauchten und schnell extrem beliebt wurden. Die Industrialisierung verwandelte die Landwirtschaft in eine Lebensmittelindustrie, und sie machte die Menschen bereit für Fertignahrung. Doch etwas Überzeugungsarbeit war trotzdem nötig, damit die Verbraucher nicht jahrzehntelang zögerten wie bei den Konservendosen.

Dabei halfen den Fabrikanten Heldengeschichten über den Ursprung ihrer Produkte. Der US-Unternehmer Gail Borden wurde angeblich durch Kinder inspiriert, die auf einer Atlantiküberfahrt an verdorbener Milch gestorben waren. Um solche Unglücke in Zukunft zu verhindern, ließ er sich die industrielle Herstellung von Kondensmilch patentieren, die haltbar und keimfrei ist. Nestlé hat sein Kindermehl wohl an einem 15 Tage alten Säugling erprobt, der sonst nichts essen wollte, nicht mal Muttermilch – das Baby soll überlebt haben. Und Justus Liebig hat nicht nur das Gesetz des Minimums bekannt gemacht, sondern er will mit der Erfindung einer Brühe für Kranke auch die Tochter eines Freundes gerettet haben, die wegen einer Cholerainfektion keine feste Nahrung zu sich nehmen konnte. Ab 1862 wurde »Liebig's Fleisch-Extract« in Uruguay produziert, weil dort Rindfleisch billig zu haben war. Ein echt globalisiertes Produkt also.

Ob diese Heldengeschichten stimmen oder nicht, lässt sich nicht mehr nachvollziehen. Sicher aber sind gerettete Kinder geeignet, zweifelnde Konsumenten von einem Produkt zu überzeugen. Wie sehr es aufs Marketing ankommt, haben die Industriellen früh erkannt – und beeinflussen damit bis heute, für welche Lebensmittel wir uns entscheiden.

Knorr, Heinz, Kraft, Maggi, Nestlé, Unilever, Campbell, Coca-Cola, Kellogg's – fast alle großen Lebensmittelkonzerne haben sich in dieser Zeit etabliert. Sie schafften das auch mithilfe der Politik. Nach einigen Lebensmittelskandalen und dem erschütternden Bericht des US-Journalisten Upton Sinclair über die Zustände in den Schlachthöfen Chicagos erließ der US-Kongress 1906 den »Meat Inspection Act«, der Hygienestandards für Fleischbetriebe festlegte, sowie den »Pure Food and Drug Act«, der inkorrekte Etikettierung und bestimmte chemische Zusätze verbot. Für das letztere Gesetz hatte sich Henry John Heinz – dessen Ketchup bis heute der meistverkaufte der Welt ist – zusammen mit anderen Großfabrikanten starkgemacht. Denn anders, als man vielleicht denken könnte, spielten Lebensmittelvorschriften und Gesetze den Industriellen in die Hände: Die Konkurrenz, vor allem kleine und mittelgroße Unternehmen, konnten sich die modernen und hygienischen Produktionsverfahren gar nicht leisten. Wie überlegen die großen Lebensmittelkartelle nun waren, zeigt sich am Beispiel von Boston: 1880 hatte es dort noch 1500 Butter-, Milch- und Käseanbieter gegeben, 1923 waren es nur noch 131. Zehn Jahre später versorgten etwa in Milwaukee sogar nur noch zwei Unternehmen die Bevölkerung mit dem Großteil der benötigten Milch, eine davon war die Firma von Kondensmilch-Patenthalter Gail Borden.

Nicht nur die Nahrung selbst veränderte sich, sondern auch die Art und Weise, wie sie zubereitet, gelagert und verzehrt wurde. Neue Technologien und Materialien machten das möglich. Die unpraktischen Schränke, in denen oben große Eisblöcke langsam wegschmolzen und man unten ständig die

Wanne mit Tropfwasser ausschütten musste, wurden durch moderne Kühlschränke ersetzt. Die Erfindung des Sparherdes und des Kochgeschirrs aus Emaille machte das Kochen zu Hause sicherer und wieder attraktiv. Als Kontrast zur Realität der Arbeiter entstand das Idealbild der Hausfrau, die das Heim hübsch hält und jeden Tag pünktlich das Essen auf den Tisch stellt – natürlich unterstützt von Tupperware, Mikrowelle und Fertiggerichten.

Gleichzeitig arbeiteten die Menschen weiter viele Stunden in ihren Jobs, auch wenn das jetzt immer häufiger welche im Dienstleistungssektor waren und nicht mehr in stampfenden Fabriken. In den kurzen Mittagspausen fuhr man ins Drive-in oder zum Burgerladen – Fast Food wurde in den USA perfektioniert. Während US-Bürger mal fix in der Autospur des Diners einen Burger bestellten, packte man in Deutschland in der Schichtpause noch das Butterbrot aus. Die USA waren den Europäern beim Essen immer um 20 Jahre voraus – auch wenn das meiste letztlich auch bei uns landete.

Deshalb überrascht es nicht, dass die USA auch die Führung übernahmen, als das Gespenst des Hungers wieder auftauchte – diesmal mit potenziellen Folgen für die ganze Welt.

Eine nicht ganz so grüne Revolution

Ausgerechnet zur selben Zeit, als sich in den USA die Weight Watchers mit ihrem Abnehmkult gründeten, die Leute plötzlich Diät-Cola tranken und begannen, ihren Wohlstandsbauch im Fitnessstudio wegzutrainieren, kehrte der Hunger auf die

Welt zurück. Ende der 1960er-Jahre drohten Millionen Menschen auf der Erde an Unterernährung zu sterben. In Ländern wie Indien und Pakistan hatten sich die Bevölkerungen verdoppelt, aber nicht die Lebensmittelproduktion. Eine Reihe von Dürren und Unruhen verschlimmerte die Lage noch.

Experten mahnten, dass ein solches Ausmaß die politische Weltlage einstürzen lassen könnte. Vor allem die USA hatten dabei viel zu verlieren: Sie hatten sich in der ersten Hälfte des 20. Jahrhunderts zur Supermacht gemausert und großes Interesse daran, sich ihre Stellung nicht durch Hungerrevolten und unkalkulierbare politische Umstürze in armen Ländern zunichtemachen zu lassen. Schließlich lauerte auf der anderen Seite des Eisernen Vorhangs die Sowjetunion. Außerdem war die Industrialisierung der Landwirtschaft mittlerweile so erfolgreich, dass sie »lästige Überschüsse« produzierte, wie sich der US-Landwirtschaftsminister in den 1950ern beschwerte. Wenn die USA fremden Ländern halfen, konnten ihre Firmen dadurch kaufkräftige Märkte gewinnen. Und viele Entscheider in den USA fühlten sich schlicht moralisch dazu verpflichtet, die Hungernden nicht sterben zu lassen.

Dass es nie so weit kam, ist vor allem Norman Borlaug zu verdanken, einem Farmerssohn aus Iowa, der gern boxte und den alle nur Norm nannten. Schon mit 27 Jahren machte Borlaug seinen Doktor in Pflanzenpathologie. Drei Jahre später, im Jahr 1944, reiste er für die Rockefeller Foundation nach Mexiko. Die war der Meinung, die beste Entwicklungshilfe für den Nachbarstaat sei es, die landwirtschaftlichen Erträge zu vergrößern. Ursprünglich sollte Borlaug neue Weizensorten züchten, die resistent gegen Getreideschwarzrost waren, eine

Pilzkrankheit. Aber nicht nur das gelang ihm: Er kreuzte Tausende Sorten von Weizen, später auch Mais.

Das Ergebnis seiner Kreuzungsexperimente waren Pflanzen, die krankheitsresistent waren und so große Früchte trugen, dass sie in Wind und Regen einfach umknickten. Also verpasste Borlaug ihnen durch noch mehr Kreuzung kürzere Halme. Jahrzehnte dauerte das; eine »nervtötend stumpfsinnige Arbeit« nannte Borlaug sie selbst. Aber eine produktive: Seine neuen, genetisch veränderten Zwergsorten züchtete er nicht nur in Mexiko, sondern für viele Entwicklungsländer und mit Partnern in Indien, Pakistan und auf den Philippinen, wo man Borlaugs Methode auf Reis übertrug. 1970 erhielt er den Friedensnobelpreis: Mehr als jeder andere Mensch seiner Zeit habe er dazu beigetragen, einer hungrigen Welt Brot zu geben, hieß es in der Begründung.

Borlaugs neue, effizientere Sorten waren der Kern des Projektes, die drohende Katastrophe abzuwenden und den Welthunger zu besiegen. Aber die USA brachten dem globalen Süden nicht nur besseres Getreide. Sie übertrugen alle ihre Prinzipien der Intensivlandwirtschaft auf die Welt – inklusive Monokulturen, eines hohen Inputs von Dünger, Pestiziden und Herbiziden und transnationalen Konzernen als mächtigen Akteuren, die über Saatgut und Handelsketten bestimmen. Deren *cash crops* waren oft staatlich subventioniert und nahmen bald den ganzen Weltmarkt ein. Als »grüne Revolution« sollte dieser Prozess bekannt werden – allerdings nach dem Leitsatz »Besser leben durch Chemie«, der in den 1950ern in den USA geprägt wurde. Und an den sich Bauern auf der ganzen Welt ausgiebig hielten.

Unsere Agrarindustrie folgt heute der Logik der Massenproduktion, wie sie mit der Industrialisierung entstand und mit der grünen Revolution zum Weltmodell wurde. Sie will mehr von allem, mehr Input, mehr Ertrag, mehr Profit. Sie ist wie unser Hunger, der wächst, obwohl die Menschen in weiten Teilen der Erde heute viel mehr essen, als gesund für sie wäre. Auf Kosten von anderen Erdteilen, in denen Menschen immer noch hungern müssen.

Die Intensivlandwirtschaft und die Massenproduktion haben unzweifelhaft Millionen Menschen das Leben gerettet. Sie haben Länder aus der Armutsfalle befreit und den Aufstieg vieler asiatischer Staaten möglich gemacht. Aber sie haben auch fatale Folgen für unseren Planeten. Das ganze Ausmaß haben wir gerade erst begonnen zu begreifen. Von den ersten Sammlerinnen und Jägern, die Bestände ihrer Beuteherden dezimierten, über die frühen Bauern, die mickrige Teosinten zu prallem Mais züchteten, über Weltreiche, die nur dank Ausbeutung von Land und Leuten entstehen konnten: Seit Jahrtausenden behauptet der Mensch seinen Anspruch, die Natur zu beherrschen. Heute sind wir an eine Grenze gelangt, an der es nicht nur sinnvoll, sondern lebensnotwendig ist, diesen Anspruch zu überdenken.

4

Alles hat ein Ende

Wie der Regenwald in die Bratwurst kommt

»Sie haben mir Pistolen an den Kopf gehalten, mich in ein Auto gezerrt und aus der Stadt gefahren. Sie haben mich an einen Baum gebunden und acht Stunden lang geschlagen, ausgepeitscht und gefoltert. Aber egal, wie oft sie das noch machen: Ich werde nicht aufgeben.«

Wir treffen uns auf einem Boot. Irgendwo im Flussgewirr des Amazonas in Brasilien, ein paar Fahrstunden außerhalb von Santarém. In der Stadt wäre es viel zu gefährlich. Dort kennen sie sein Gesicht. Spätestens seit der Papst ihn eingeladen hat, ist er eine Ikone des indigenen Widerstandes und steht ganz oben auf der schwarzen Liste der Sojamafia: Häuptling Dadá Borari, der Führer der Indigenen im Maró-Gebiet.

Er lebt an einem geheimen Ort im Dschungel, im Bundesstaat Pará. Dort wird besonders viel Regenwald abgeholzt, um Platz für Rinder- und Sojafarmen zu machen. Meistens illegal. Indigene und Umweltschützer, die sich dagegen wehren, leben gefährlich. Allein 2021 wurden in diesem Konflikt mindestens 170 Menschen getötet.

Als ich zu Hause in meinem norddeutschen Garten am Grill stand und mir vorgenommen habe, die Geschichte der Bratwurst zu erzählen, hatte ich noch keine Vorstellung davon, wo mich das hinführen würde. In Riesenställe mit Massentierhaltung, logisch. Die meisten wissen ja, wo unser Fleisch herkommt. Dann weiter in den Hamburger Hafen, von da nach Brasilien. Auf Soja- und Maisfelder, die bis zum Horizont reichen. Auf das Boot zum Treffen mit Häuptling Dadá. Und jetzt, auf dem Weg zum Dorf der Munduruku, in diese Straßensperre.

Der Militärpolizist, der unser Auto gestoppt hat, trägt Sonnenbrille, Tarnuniform, schusssichere Weste und eine Pistole, die vom Gebrauch abgegriffen aussieht. »Viele von denen arbeiten nach Feierabend als Schläger und Auftragskiller für die Sojafarmer«, raunt Tim mir zu. »Bleib bloß im Auto.« Tja, da hat er einen Punkt, der Tim. Mit Auftragskillern kenne ich mich nun wirklich nicht aus. Er schon eher. Tim Boekhout van Solinge ist ein niederländischer Kriminologe, der seit vielen Jahren untersucht, wie Fleischhandel, Sojaanbau, illegale Landnahme und Regenwaldabholzung zusammenhängen. Tim wird mich hineinführen ins Herz des Sojakartells.

Er erzählt andauernd davon, und ich kann das kaum ertragen. So viele Fälle von Landraub, von Einschüchterungen, Drohungen, Gewalt, Korruption und Mord. Ich wünsche mir während unserer Gespräche manchmal, er möge endlich aufhören, weil nun endlich alles gesagt sei. Aber die Geschichten sprudeln immer weiter aus ihm heraus.

Ich starre auf die Hand des Polizisten, die wahrscheinlich gar nicht zufällig auf seiner Waffe liegt. Es ist wohl besser, auf Tim zu hören. Nichts tun. Nichts sagen. Nicht auffallen. Ich versuche, einen gleichgültigen Gesichtsausdruck aufzusetzen. Aber wie soll das gehen? Hinten im Auto liegt die Kameraausrüstung, mit der wir illegale Sojafelder filmen wollen. Was, wenn der Bulle den Kofferraum aufmacht und sie entdeckt? Ich denke an die Worte von Häuptling Dadá.

Der Polizist lässt uns immer noch nicht durch. Ich fürchte, mein Gesichtsausdruck ist kein bisschen gleichgültig. Klar, dass man erst recht auffällig aussieht, wenn man unauffällig sein will. Fuck, dieser Typ sieht doch, dass ich Angst habe. Ich schaue weg, blicke über die endlosen Felder. Warte, hoffe und vertraue. Auf Tim neben mir im Auto und unseren brasilianischen Kollegen auf der Straße, der mit den Militärpolizisten verhandelt. Die werden das schon hinbekommen. Irgendwie.

Das Bullshit-Moratorium

Soja ist nur eine kleine Bohne aus der Unterfamilie der Schmetterlingsblütler – aber mit ihr werden viele Milliarden Euro umgesetzt. Und wo viel Geld ist, entstehen auch viele Begehrlichkeiten. Gier frisst Moral – im brasilianischen Bundesstaat Pará sind Landraub, Vertreibungen, Misshandlungen und Morde die Folge. Um die schlimmsten Auswüchse des internationalen Sojageschäfts – soziale wie ökologische – einzudämmen, verpflichteten sich die führenden Händler 2006, nur noch Bohnen von schon bestehenden Plantagen zu verkaufen.

Der Amazonas-Regenwald dürfte also eigentlich nicht mehr für ihren Anbau gerodet werden. Damit sollten Landraub und Abholzung ein Riegel vorgeschoben werden. Dieses Abkommen wird »Soja-Moratorium« genannt, und darauf berufen sich auch die größten Getreide- und Sojahändler der Welt: Dreyfus, Archer Daniels Midland (ADM), Bunge, Cofco oder Cargill versprechen unisono, sie würden Verantwortung für den Schutz des Regenwaldes übernehmen. Für uns, die Supermarktkunden und Grillfreunde, sollte das eigentlich bedeuten, dass für unsere Bratwurst kein einziger Baum mehr fallen muss. Aber das alles ist: Bullshit!

Im brasilianischen Amazonasgebiet hat sich die Soja-Anbaufläche in den vergangenen 20 Jahren mehr als verzehnfacht. Noch mal zum Mitschreiben: verzehnfacht! Mit Satellitenaufnahmen lässt sich das ganz leicht nachweisen. Inzwischen wächst die Sojabohne in Brasilien auf Feldern, die zusammen so groß sind wie ganz Deutschland. Stellen Sie sich mal ein Satellitenbild vor, auf dem sich von Görlitz bis Aachen und von Flensburg bis Garmisch ein einziges riesiges Sojafeld erstreckt. Keine Städte, keine Dörfer, kein Deutschland – nur Soja. Mit diesem Bild bekommt man eine Vorstellung von der Dimension des Problems und der Wirkungslosigkeit des Moratoriums.

Neue Sojafelder werden aktuell meist im Cerrado angelegt, einer staatengroßen Feuchtsavanne im Südosten Brasiliens. Gleichzeitig wird aber immer noch Regenwald abgeholzt, vor allem im Bundesstaat Pará. Von dort wird Soja in die ganze Welt verschifft. Chinas Hunger ist am größten, das Land braucht die eiweißreichen Bohnen zum Beispiel für die im zweiten Kapitel beschriebenen riesigen Schweinefabriken. Eine

Menge landet als Tierfutter aber auch in Europa. In Deutschland waren es 2021 mehr als 1,5 Millionen Tonnen. Jede zweite Sojabohne bei uns kommt aus Brasilien.

Die Munduruku waren einmal ein gefürchtetes Kriegervolk. Aber jetzt hat Häuptling Manoel ganz offensichtlich Angst. Und auch Tim, der mit Manoel zusammenarbeitet, ist nervös. Wir streifen nur 15 Minuten von Manoels Haus entfernt im Ipaupixuna-Gebiet im Bundesstaat Pará über eine Lichtung. Und genau die ist ein Problem, denn es dürfte sie gar nicht geben. Sie liegt mitten im Indigenengebiet. Vor drei Monaten wuchs hier noch Regenwald. Dann kamen die Maschinen. Jetzt liegen gefällte Bäume und ausgerissene Büsche in langen Reihen aufeinandergetürmt. Sobald die Regenzeit vorbei ist, werden sie angezündet. Und dann kommen die Rinder. Die werden hier eine Weile grasen, vielleicht ein oder zwei Jahre, so lange, bis Gras über die Sache gewachsen ist. Danach rollen wieder Maschinen an und pflügen alles um. So entsteht ein neues Sojafeld, und kein Mensch fragt mehr danach, ob es vor den Rinderweiden dort mal Regenwald gab. Und die richtigen Papiere lassen sich schon irgendwie auftreiben.

Wir irren zwischen den toten Bäumen herum. Es sieht traurig aus, dieses Land, wenn es seines Waldes beraubt ist. Verschandelt, wie entehrt. »Der Wald ist unsere Lebensgrundlage«, sagt Manoel, »unser heiliger Ort.« Tim warnt: »Wir sollten nicht zu lange hierbleiben. Wenn uns jemand entdeckt, kann es wirklich gefährlich werden.« Und dann: »Vor allem für Manoel und seine Leute. Die müssen hier weiterleben, wenn ihr mit euren Kameras längst wieder weg seid.« Natürlich, also weg hier. Ich habe den Beweis nun mit eigenen Augen gesehen:

Hier wird immer noch Regenwald abgeholzt, die Methoden sind kriminell und die Kontrollen lax.

Lassen Sie uns die Reise des Sojas von Pará bis in unsere Supermärkte und Kühlschränke einmal rekonstruieren, um zu verstehen, wie alles zusammenhängt und wer die wichtigsten Akteure in dem globalen »Sojapoli« sind.

Vom Amazonas bis ins Emsland

Die Reise kann auf einem der illegalen Äcker im Stammesgebiet der Munduruku beginnen, die immer weiter in deren Gebiet hineinwachsen. Den Munduruku hat der wiedergewählte und aktuelle Präsident Lula zwar schon 2004 ein Gebiet zugesprochen, das ungefähr so groß ist wie die Toskana. Seither ist es allerdings schon wieder erheblich geschrumpft. Für Soja. Kaum jemand wagt, sich gegen die Farmer aufzulehnen, die sich das Land einfach aneignen und dann beackern und abernten.

Sie verladen ihre Bohnen auf Lkw, von denen während der Erntezeit einer nach dem anderen über die B-163 donnert. Diese Straße durchschneidet sechs brasilianische Bundesstaaten und hat als »Soja-Highway« traurige Berühmtheit erlangt. Wenn man die Straße von Anfang bis Ende befährt, kann man die vielen Rinder- und Sojafarmen, die links und rechts vorbeiziehen, kaum zählen. Es sind viele, und es werden mehr. Die Zerstörung von Regenwald beginnt fast immer mit dem Bau einer Straße. Diese hier ist schon ein halbes Jahrhundert alt und entfaltet eine ganz besonders zerstörerische Wirkung.

Die Rodungen wuchern wie Geschwüre von der Straße aus in beide Richtungen, immer tiefer hinein in den Regenwald.

Von Süden kommend, endet die B-163 nach 3500 Kilometern schließlich vor dem Werkstor von Cargill, einem der größten Handelsunternehmen der Welt. Und hinter dem Tor ragt ein gewaltiges Hafenterminal empor, vor dem Schiffe aus aller Herren Länder darauf warten, beladen zu werden. Fast immer mit: Soja.

Für *GEO* haben wir einmal recherchiert, wie es vom Cargill-Terminal aus weitergeht. Das Beispiel zeigt, wie eine typische Lieferkette aussieht. Wir haben dazu ein Schiff getrackt, die CL Geneva, einen Schüttgutfrachter unter der Flagge von Hongkong, 230 Meter lang, mit einer Tragfähigkeit von 85 000 Tonnen. Vom Cargill-Terminal in Santarém ist die CL Geneva am 30. April 2022 den Amazonas hinunter zum Meer gedampft. Am 23. Mai machte sie in Hamburg fest, wo der Agrarkonzern ADM eine Raffinerie unterhält. ADM transportierte das Soja weiter, unter anderem in den niedersächsischen Hafen Bramsche am Mittellandkanal, zur August Eilers GmbH & Co KG. Von dort geht das Rohfutter an Mischfutterbetriebe im Weser-Ems-Gebiet, die es später als Kraftfutter an die einzelnen Schweinemäster vertreiben. Die verkaufen ihr Vieh wiederum an Fleischkonzerne, die das Schlachten und Verwursten übernehmen.

Die deutsche Wurst-Welt wird beherrscht von Unternehmen wie Westfleisch, der PHW-Gruppe, Rothkötter, Heristo, Vion und natürlich dem skandalumwitterten Fleischriesen Tönnies, der mit jährlich weit über sechs Milliarden Euro Umsatz der größte im Land und auch weltweit ein Top-Player ist.

Tönnies wirbt zwar damit, dass 80 Prozent seiner Schweine aus einem Umkreis von 100 Kilometern stammten, sie seien also »regional«. Gefüttert werden diese »regionalen« Schweine aber auch mit Soja aus dem fast 10 000 Kilometer entfernten Pará, wo das Sojakartell Indigene wie Dadá Borari foltert und ermordet. Es ist eine unangenehme Wahrheit, aber wenn ich ein paar Bratwürste aus dem Sonderangebot kaufe, dann ist mein Grill das Ende einer Wertschöpfungskette, die mit einer Kettensäge im Amazonasgebiet beginnt und für die Menschen sterben. »An eurer Wurst klebt das Blut meines Volkes«, hat der Häuptling mir gesagt. Was für ein schrecklicher Satz.

Natürlich hat offiziell keines der beteiligten Unternehmen eine Ahnung davon, dass ein Teil des Sojas aus illegalen Quellen stammen könnte. Kriminologe Tim Boekhout van Solinge erklärt, wie das sein kann: Fast jeder Farmer und Zulieferer kann Papiere vorzeigen, die beweisen oder zumindest den Eindruck erwecken, alles sei in bester Ordnung. Die Behörden in Brasilien und Pará, bei denen Landrechte registriert werden können, arbeiten offenbar nicht immer ganz so akkurat wie ein Schweizer Grundbuchamt. Viele Flächen, sagt Tim, seien mehrfach registriert, sodass der Streit um die Nutzung gerichtlich nur sehr zäh entschieden werden könne. Oder auch gar nicht. Dann gilt das Faustrecht. Tim schätzt, für etwa 85 Prozent aller landwirtschaftlichen Flächen in Amazonien gibt es keine eindeutig geklärten Eigentumsverhältnisse und in einigen Regionen sei dreimal mehr Land registriert worden, als tatsächlich existiert.

Natürlich verurteilen auch Unternehmen wie Tönnies, Cargill oder ADM illegale Landnahme und Menschenrechtsverletzungen im Amazonasgebiet. Diese Konzerne schicken keine Mörder, sie stiften niemanden direkt dazu an und betreiben selbst auch keinen Landraub. Die meisten Menschen, die in diesen Konzernen arbeiten, sind sehr wahrscheinlich sehr anständig und freundlich und wollen nur das Beste. Aber kein direkter Täter zu sein, ist eben nicht genug, wenn man mit einer Ware Milliarden umsetzt, in deren Produktions- und Lieferketten es zu schwersten Menschenrechtsverletzungen kommt. Wenn ich als Reporter ohne größere Schwierigkeiten illegale Sojafelder und misshandelte Indigene finden kann, müssten milliardenschwere Unternehmen, die Niederlassungen in den betroffenen Regionen unterhalten, das doch auch hinbekommen, oder? Und sie müssten etwas gegen die Verbrechen der Sojamafia unternehmen. Die Möglichkeiten dazu hätten sie ganz ohne Frage.

Das fast gute Gesetz

Weil die intrinsische Motivation der Konzerne, ihre Lieferketten zu durchleuchten und sauber zu halten, bisher jedoch eher schwach ausgeprägt zu sein scheint und das Soja-Moratorium nur überschaubare Wirkung entfaltet, versucht die EU es nun mit einer neuen Verordnung. Diese ist am 30. Juni 2023 in Kraft getreten und verbietet die Einfuhr von Rohstoffen und Erzeugnissen, wenn dafür Wald abgeholzt oder geschädigt worden ist. Und noch besser: Das Ganze gilt nicht nur für Soja, sondern auch für Palmöl, für Kakao, Kaffee, Kautschuk, Holz und Rinder. Weltweit. Wow!

Dieses Waldschutzgesetz ist nicht weniger als eine Sensation, eine bisher einzigartige Regelung. Sie verpflichtet Unternehmen wie Cargill, ADM und Tönnies dazu, Verantwortung für die eigenen Lieferketten zu übernehmen. Ein großer Erfolg im Kampf gegen die Abholzung, der auch dringend notwendig ist: Jedes Jahr fallen ungefähr zehn Millionen Hektar Wald, 90 Prozent davon für nicht nachhaltige Landwirtschaft. Das soll sich jetzt ändern. Eigentlich könnten jetzt alle happy sein, die EU, die Bundesregierung, die Umweltschützer, ich.

Bin ich aber nicht. Auf dem Acker in Pará kann ich mich nicht so richtig mitfreuen, weil ich zwar auf einem Sojafeld stehe, aber nirgendwo Soja sehe. Im ganzen Bundesstaat Pará habe ich keine einzige Sojapflanze entdeckt, als ich im Juni dort war. Auf den endlosen Feldern wird die Bohne nämlich nur zwischen Dezember und April angebaut. In der anderen Jahreshälfte ziehen die Farmer Mais. Dieser Fruchtwechsel ist üblich, wegen der Regenzeit und um die Böden nicht allzu schnell auszulaugen. Allerdings ist das bei uns kaum bekannt, fast alle Berichte drehen sich nur um Soja.

Aber wie war das noch mal, welche Importe hat die EU verboten, wenn Wald dafür vernichtet wurde? Fällt Ihnen an der Liste etwas auf? Genau! Da fehlt der Mais. Obwohl er auf exakt denselben Feldern wächst wie das Soja und exakt genauso viel mit Landraub und Abholzung zu tun hat, darf Mais weiter importiert werden. Und auch das Fleisch, das Konzerne wie JBS aus Brasilien zu uns verschiffen. Tausende Tonnen brasilianisches Rind und Geflügel in Form von Hühnerbrüsten und Chicken Nuggets landen jedes Jahr in der EU – die mit Mais aus Pará gefüttert wurden. Wenn ich dort Soja-Mais-Farmer wäre, würde mir dieses EU-Waldschutzgesetz also keine allzu großen Kopfschmerzen bereiten. Abnehmer für Soja finden sich auch auf anderen Kontinenten, wo der Bedarf stetig wächst, und Mais ist ja sowieso von der EU-Regelung ausgenommen.

Deshalb fließt das Geld weiter, und die Bäume fallen weiter. Die internationale Agrarindustrie ist inzwischen einfach zu groß, um ihr mit nationalen Gesetzen beikommen zu können. Wer auf der ganzen Welt produziert und die ganze Welt beliefert, findet immer einen Weg. Das ist die Form, die wir Industrialisierung und Globalisierung gegeben haben. Die sozialen Folgen sind dramatisch, genau wie die ökologischen.

»Ordem e progresso« heißt es auf der brasilianischen Flagge, die auch auf den Uniformen der Polícia Militar prangt: »Ordnung und Fortschritt«. Tja, das wäre schön. Aber: »Die Korruption ist weit verbreitet«, sagt Tim, »und das Sojakartell hat sehr viel Geld.« Es klingt etwas resigniert. Und ich kann nach dieser Reise durch Pará auch verstehen, wieso. Wer zahlen kann, den lässt die Polizei in Ruhe. So wie mich an dieser Straßensperre. Wir hatten schließlich passieren dürfen, weil niemand den Kofferraum geöffnet hatte, die Kameras blieben unentdeckt. Für 200 Euro Schmiergeld an die Männer, die eigentlich für Recht und Ordnung sorgen sollen. So läuft's in Pará.

Häuptling Dadá und die vielen anderen, die für den Regenwald, die Natur und die Menschenrechte kämpfen, haben keine Mittel, um sich ihr Recht zu erkaufen. Aber sie haben ihren Glauben an eine bessere Zukunft. Immerhin.

Die Bratwurst und die Ahrtal-Flut

Deutschland ist Bratwurstland. Auf dem Volksfest, auf dem Weihnachtsmarkt, an der Imbissbude und am allerliebsten vom Grill im eigenen Garten: 'ne Wurst geht immer. Wir essen jedes Jahr Millionen davon. Hunderte Millionen. Vielleicht sogar eine Milliarde? Oder zwei? Laut der Schätzung eines Fleischverbandes essen die Deutschen drei Kilogramm Bratwurst pro Jahr. Rechnet man 100 Gramm Fleisch pro Wurst, sind das pro Mensch 30 Grillwürste jährlich. 84 Millionen Deutsche äßen demnach also mehr als zweieinhalb Milliarden Würste pro Jahr. Wie viele es auch wirklich sein mögen – es sind auf jeden Fall zu viele, um sich das vorstellen zu können. Ein bisschen kann vielleicht die Statistikplattform globometer.de helfen. Dort gibt es einen Online-Bratwurstzähler. Sobald man draufklickt, rast der Zähler los. In einem Tempo, bei dem einem leicht schwindelig wird. Hunderte, Tausende, Millionen. Die Zahlen fliegen nur so vorbei. Ohne Soja wäre das nicht möglich.

Hochleistungsrassen in der Tierzucht brauchen auch Hochleistungsfutter. Das gilt für die Kuh 162 444 in Saudi-Arabien genauso wie für eine Sau »Deutsche Landrasse« in einem Stall im Emsland. Nur Gras oder nur heimisches Getreide reicht da oft nicht aus. Für Koteletts, die sehr schnell wachsen, muss noch eine Extraportion Protein ins Futter. Genau deshalb wird Soja in gewaltigen Mengen nach Deutschland importiert. Das meiste davon aus den USA und eben Brasilien. Sojaextraktionsschrot, kurz SES, ist ein wichtiger, vielleicht der entscheidende Treibstoff für die industrielle Tierhaltung. Mit SES werden Schweine im Rekordtempo fett. Und nur so können wir überhaupt die mehr als 50 Millionen Masttiere sattbekommen, die hierzulande pro Jahr geschlachtet werden. Würden wir deutschen Schweinen nur deutsches Futter zum Fraß vorwerfen, könnten wir wohl nur halb so viele mästen. Und unsere Bratwürste wären plötzlich doppelt so teuer. Dass wir sie uns trotzdem im großen Stil leisten können, verdanken wir der globalen Agrarindustrie, die den Flächenbedarf einfach ins Amazonasgebiet exportiert hat: Der *German Way of Life* verbraucht riesige Naturflächen in anderen Ländern und auf anderen Kontinenten.

Wenn es sich um Schweinsbratwürste aus konventioneller Tierhaltung handelt, also den Klassiker auf dem Grillrost, lässt sich grob errechnen: Für acht deutsche Bratwürste braucht man einen Quadratmeter Sojaacker in Brasilien. Im schlimmsten Fall würde das heißen: Für acht Bratwürste wird ein Quadratmeter Regenwald vernichtet. Bei zwei Milliarden Bratwürsten pro Jahr wären das 25 000 Hektar.

Diese gewaltige Fläche wird natürlich nicht jedes Jahr neu abgeholzt, das meiste liegt ja schon länger unterm Pflug. Aber trotzdem fällt eben immer noch auch Regenwald. Und der – jeder, der es wissen will, weiß es inzwischen – ist für die Stabilität des Klimas auf der Erde unverzichtbar. Die massive Abholzung in Brasilien beschleunigt den Klimawandel, der wiederum Extremwetterereignisse auf der ganzen Welt wahrscheinlicher macht, vor allem Dürren und Überflutungen.

Die Forschungsinitiative World Weather Attribution, die untersucht, welche Extremwetterereignisse dem Klimawandel zugerechnet werden können, hat 2021 eine Studie durchgeführt mit dem Ergebnis: Eine Katastrophe wie die Ahrtal-Flut, bei der mehr als 130 Menschen ums Leben kamen, ist wegen des vom Menschen verursachten Klimawandels bis zu neun Mal wahrscheinlicher geworden. Die Kausalkette führt also von meiner Grillbratwurst bis zur Ahrtal-Flut. Ich bin zwar nicht direkt schuld an der Katastrophe, aber ich kann auch nicht behaupten, ich hätte gar nichts damit zu tun.

Fliegende Flüsse

In 325 Meter Höhe, auf dem höchsten Forschungsturm der Welt, sieben Auto- und Bootsstunden von der Dschungelstadt Manaus entfernt, kann ich mit eigenen Augen sehen, was meine Grillwurst mit dem Klima zu tun hat. Tief, tief unter mir stehen die Urwaldbäume, einer neben dem anderen. Von hier oben kann ich sie nicht mehr unterscheiden, ihre Wipfel verschmelzen zu einem endlosen grünen Meer. Auf der kleinen Plattform des ATTO-Towers, den das deutsche Max-Planck-Institut für Chemie in Kooperation mit brasilianischen Behörden und Forschungseinrichtungen mitten ins Nirgendwo gepflanzt hat, starre ich fasziniert von einer Himmelsrichtung in die andere. Egal, wohin man blickt: bis zum Horizont nichts als Urwald. Genau deshalb steht der Turm hier. Nur an einem solchen Ort lässt sich heute noch erforschen, wie der Regenwald unser Leben bestimmt. Bestimmen sollte.

Von der Spitze des ATTO-Towers aus kann ich sehen, wirklich mit eigenen Augen sehen, wie der größte Wald der Welt auf Wetter und Klima einwirkt. Besonders am frühen Morgen oder kurz nach einem Regenschauer, wenn die ersten Sonnenstrahlen auf die nassen Blätter treffen, scheint der ganze Wald zu brennen. Wie weißer Rauch wabert Wasserdampf in Tausenden Säulen gen Himmel. Ein faszinierender Anblick. Zart und fein ringelt sich der Waldnebel empor, aber was da passiert, ist kein kleiner Zauber, sondern ganz große Magie.

Ein einziger großer Urwaldbaum verdunstet pro Tag bis zu 1000 Liter Wasser. Da der Amazonas-Regenwald insgesamt immer noch viel größer ist als die Europäische Union, ist da Platz für sehr viele Bäume, und die verdunsten zusammen unvorstellbare Mengen. Viele Milliarden Liter Wasser gelangen so jeden Tag in die Atmosphäre. Weil die Bäume und Sträucher und Gräser und Pilze mit dem Dampf auch kleine Teilchen in die Luft abgeben, passiert über den Wipfeln etwas Wundersames: An den organischen Aerosolen kondensiert das viele Wasser, Wolken entstehen und strömen von einem Ende des Himmels zum anderen. Ein fliegender Fluss, durch den mehr Wasser strömt als durch den Amazonas. Es ist fantastisch.

Beim Verdunsten kühlen die Bäume die Luft. Die Wolken, die sie schaffen, die fliegenden Flüsse, haben eine höhere Albedo, sprich ein höheres Rückstrahlvermögen als der Wald und reflektieren deutlich mehr Sonnenlicht zurück in den Weltraum. Weil das meiste Wasser aus den Wolken auch gleich wieder als Regen im Amazonasgebiet niedergeht, können neue Bäume wachsen, die Treibhausgase aufnehmen und dadurch die Atmosphäre weiter abkühlen. All diese Effekte zusammen helfen dank der schieren Größe des Amazonas-Regenwaldgebietes dabei, das Klima auf dem Planeten Erde in einem für uns Menschen angenehmen Bereich zu stabilisieren.

Doch das Zirkulationssystem der fliegenden Flüsse, das ganz Brasilien und den Süden des Kontinents mit Niederschlägen versorgt, droht auszutrocknen. Diese Ströme transportieren Feuchtigkeit entlang der Andenkette von Norden nach Süden und bringen so Regen nach Bolivien, Uruguay, Paraguay, Argentinien und das südliche Brasilien.

In den letzten 40 Jahren wurden im Amazonasgebiet jedoch täglich drei Millionen Bäume gefällt – also insgesamt wahrscheinlich mehr als 40 Milliarden Bäume –, die nun als Quelle für die fliegenden Flüsse ausfallen. Der Unterschied ist enorm, denn ein Sojafeld verdunstet viel weniger Wasser als ein Regenwald, die fliegenden Flüsse werden langsam zu Rinnsalen. Die Folge: Dürre im Süden und weniger Regen im Cerrado im Südosten Brasiliens. Problematisch, denn die Region dient als »Bewässerungsanlage« für einen Großteil des Landes. Wenn hier weniger Regen fällt, gerät der gesamte Wasserhaushalt durcheinander. Das bedeutet: sinkende Grundwasserspiegel, sinkende Flusspegel, Wassermangel. Das schwächt auch die Regeneration des Regenwaldes, und zwar so heftig, dass er inzwischen von einer Treibhausgassenke, die mehr Kohlenstoff speichert als abgibt, zu einem Treibhausgasemittenten geworden ist. Die grüne Lunge der Erde, wie das Amazonasgebiet oft genannt wird, leidet an Schwindsucht. Wegen der Trockenheit und weil bereits etwa 20 Prozent des ursprünglichen Waldes plattgemacht worden sind. Für den Klimaschutz ist das eine frustrierende Nachricht.

Auch ohne all die Daten und Diagramme zu studieren, die uns die Forschungsprojekte am ATTO-Tower liefern, ist leicht vorstellbar, ein wie schwerwiegender Eingriff in die globalen

Kreisläufe die Vernichtung von einem Fünftel dieses Waldes ist. Klimaveränderungen auf der ganzen Erde sind die Folge. Die Bratwurst und die Ahrtal-Flut – auf der Erde hängt wirklich alles mit allem zusammen.

Staub zu Staub

Es ist ja nicht so, dass wir das alles nicht schon wissen könnten, sollten und müssten. Schließlich torkelt nicht zum ersten Mal in der Geschichte eine Gesellschaft Richtung Abgrund, weil sie den Boden vergewaltigt, weil sie ihm zu viel abpresst, in der irrigen Annahme, der Erde ihren Willen aufzwingen zu können. So etwas geht nie lange gut. In Mittelamerika verschwand die Hochkultur der Maya vor über tausend Jahren – abgeholzte Wälder und intensiver Maisanbau hatten die Böden ausgelaugt, sie hatten Regen, Wind, Hitze und Trockenheit nichts mehr entgegenzusetzen. Vor 500 Jahren verlor das Reich von Angkor in Asien seine Macht, auch hier folgte der Niedergang auf eine Phase extrem intensiver Landwirtschaft, für die Natur zerstört und der natürliche Wasserkreislauf umgestaltet wurde. Die Liste der menschengemachten Katastrophen ist lang und reicht bis in die jüngste Vergangenheit. Irland – im dritten Kapitel ist das beschrieben – wurde mitten in der Industrialisierung zum Notstandsgebiet, weil auf den Feldern statt Vielfalt ein krankheitsanfälliges Kartoffel-Einerlei angebaut wurde. Trotz dieser Erfahrung reduziert die Agrarindustrie die Zahl der Nutzpflanzenarten immer weiter und setzt auf Monokulturen, um großen Landmaschinen den Weg zu ebnen. Sogar die mächtigste Nation des 20. Jahrhunderts wurde Opfer dieser bäuerlichen Hybris:

There was no one in the town and no one in the field
This dusty barren land had given all it could yield ...

... heißt es in einem Song der Band Mumford & Sons. Der Titel des Liedes: »Dust Bowl Dance«, Staubschüssel-Tanz. Er erzählt vom Elend der Menschen in den Präriestaaten der USA, als in den 1930er-Jahren Dürren und Staubstürme das Land verheerten. Hunderttausende verloren ihre Existenzgrundlage. Unzählige Farmerfamilien mussten ihre Höfe verkaufen, endlose Kolonnen von notleidenden Tagelöhnern zogen übers Land. In *Früchte des Zorns* hat John Steinbeck diesen Menschen ein literarisches Denkmal gesetzt. Und Mumford & Sons singen:

Align my heart, my body, my mind
to face what I've done and do my time.

»To face what I've done and do my time«, das klingt nach Schuldeingeständnis und einer gerechten Strafe, die es abzusitzen gilt. Tatsächlich hat sich die fruchtbare Prärie nicht plötzlich und ganz von allein in eine Staubwüste verwandelt. Periodische Wetterschwankungen spielten dabei eine Rolle, vor allem aber war es Menschenwerk. Gedankenlose Landwirtschaft mit einem blinden Glauben an ewiges Wachstum. Die Landschaft der Great Plains im Mittleren Westen schien ja auch wie geschaffen für den amerikanischen Traum: endlose Weite, endlose Möglichkeiten.

Bevor die weißen Siedler im 19. Jahrhundert in der Prärie ihre Farmen anlegten – auch hier mit Gewalt, auf Kosten der Indigenen, genau wie heute in Brasilien –, zogen etwa 60 Millionen Bisons über die Great Plains. Sie wanderten ständig umher, grasten immer nur kurz an einem Ort, was das Büffelgras hoch und stark und die Wurzeln tief wachsen ließ (zu diesem Mob Grazing kommen wir später noch). Um den Indigenen ihre Nahrungsgrundlage zu nehmen und Platz für Farmen zu schaffen, starteten die europäischen Neuankömmlinge eine Vernichtungsjagd. Am Ende waren nur noch ein paar Tausend Bisons übrig. Weil niemand ahnte, welche Rolle sie für das Überleben des Graslandes spielten, ahnte auch niemand, welche Folgen ihre Ausrottung haben würde.

Die Farmer pflügten die Prärie um und verwandelten sie in eine Kornkammer, die halb Nordamerika versorgte. Die Bevölkerung wuchs, der Bedarf wuchs, die Getreidepreise stiegen und stiegen und damit die Einkommen der Farmer. Sie fuhren eine Rekordernte nach der anderen ein. Bis dann in den 1930er-Jahren die Natur den Menschen einen Strich durch die Rechnung machte. Mitten in der ohnehin schon grassierenden Weltwirtschaftskrise blieb plötzlich auch noch der Regen aus, eine verheerende Dürre vertrocknete das Land. Weil es kein hohes Büffelgras mit seinen tiefen Wurzeln mehr gab, konnte es den Boden auch nicht mehr schützen. Die Stürme rissen die Erde fort, der amerikanische Traum löste sich in Luft auf.

Der Staub, der sich überall niedersenkte, vernichtete Ernten, begrub Farmhäuser unter sich, nahm den Menschen den Atem und erstickte das Vieh. Fliegende Erde, schwarze Wolken verdunkelten den Himmel. Aus der prächtigen Prärie wurde in nur wenigen Jahren die Dust Bowl – eine Staubwüste. Armut und Flucht erschütterten die Gesellschaft. Die Menschen wurden zu Opfern ihrer eigenen Überheblichkeit. Sie wollten die Erde beherrschen und endeten im Elend.

Am schlimmsten waren die Jahre 1935 bis 1938. Der berühmte New Deal von Präsident Franklin D. Roosevelt, der die wirtschaftliche Not von Millionen lindern sollte, war eine Reaktion darauf. Der Soil Conservation Service, zuständig für die Erhaltung des Bodens, eine andere. Eine der Maßnahmen dieser neuen Behörde, mit der 1935 begonnen wurde: ein etwa 100 Kilometer breiter Grünstreifen, der Great Plains Shelterbelt, der die Prärie vor dem Wind schützen sollte. Mehr als 200 Millionen Bäume wurden gepflanzt, was auch ganz gut funktioniert hat, bis nach einigen Jahrzehnten wirtschaftlicher Egoismus und Gleichgültigkeit dazu führten, dass der Schutzgürtel nicht mehr gepflegt wurde.

Heute trägt die Bodenschutzbehörde den Namen Natural Resources Conservation Service, der Job ist aber noch immer der gleiche: den Boden schützen, landwirtschaftliche Katastrophen durch Fehlbewirtschaftung verhindern. Der NRCS gehört zum US-Landwirtschaftsministerium und hat sich ausdrücklich auch darum zu kümmern, die natürlichen Ressourcen auf Privatland zu schützen, indem die Behörde den Eigentümern mit Rat und Tat zur Seite steht. Darin steckt ein wichtiger und weiser Gedanke: Erde, Seen, Flüsse oder Wälder können zwar von Einzelnen besessen, sie dürfen von ihnen aber nicht zerstört werden, weil ihre Biosystemleistungen für alle Menschen lebensnotwendig sind.

Wir sollten allzu stumpf argumentierenden Agrarlobbyisten

ins Poesiealbum schreiben, was der Kongress der Vereinigten Staaten schon im April 1935 verkündete:

»Die Vergeudung von Boden- und Feuchtigkeitsressourcen auf Acker-, Weide- und Waldgebieten ... stellt eine Bedrohung für das nationale Wohlergehen dar.«

In elegant verallgemeinernder Pointierung findet sich dieser Gedanke übrigens auch in Artikel 14 des deutschen Grundgesetzes wieder: »Eigentum verpflichtet.«

So sieht's aus – und weil Bodenverlust, Grundwasserverlust, Entwaldung, die Schädigung der Lebewesen im Boden und in der Folge auch Klimawandel und Artensterben eng mit den Methoden der industriellen Landwirtschaft zusammenhängen, ist es Zeit nachzujustieren.

Peak Food

Irgendwann wird das Öl auf der Erde ausgehen. Die Kohle auch. Genau wie Gas und all die anderen fossilen Rohstoffe. Das hören wir seit vielen Jahren, und es stimmt auch. Der Moment der historisch maximalen Förderung und des maximalen Verbrauchs lässt sich für die einzelnen Rohstoffe halbwegs solide bestimmen, in den Geowissenschaften und der Ökonomie sind Peak Oil, Peak Coal, Peak Gas und all die anderen Scheitelpunkte längst vertraute Begriffe. Schon 1949 errechnete der Geophysiker Marion King Hubbert, wie steigender Verbrauch und die Endlichkeit der Vorkommen dazu führen würden, dass die Ölfördermenge Ende des 20. Jahrhunderts ihr Maximum erreicht haben werde. Tatsächlich stagniert die konventionelle Ölförderung seit etwa 2005, für die Zukunft erwarten die Experten einen Rückgang. Nur bei unkonventionellen Fördermethoden wie etwa dem umstrittenen Fracking wird es wohl noch etwas länger dauern. Hubberts Prognose war zwar nicht sehr präzise, im Prinzip aber richtig. Und inzwischen ist auch *peak everything* eine gängige Formulierung in der Wissenschaft, weil sich die Erkenntnis durchgesetzt hat, dass auf der Erde ganz genau gar nichts unerschöpflich ist. Inzwischen wird ja, weil die Bauwirtschaft mehr verbraucht als die Natur neu schaffen kann, sogar der sprichwörtliche Sand am Meer knapp.

All das sind jedoch fossile Ressourcen, also Rohstoffe, die meist vor Millionen oder Tausenden Jahren entstanden sind. Werden sie verbraucht, ist das in etwa so, also würde man seinen Lebensunterhalt mit den Goldmünzen bestreiten, die Oma einst im Keller versteckt hat. Solange der Vorrat reicht, ist alles easy – aber irgendwann geht er zur Neige. Und in diesem Moment muss man sich dann halt etwas Neues einfallen lassen.

Deshalb haben wir Windkraftanlagen, Solarfelder und Wasserkraftwerke gebaut, steigen in E-Autos um und brauen E-Fuels für Flugzeuge. Das fossile Zeitalter geht zu Ende, und wir passen uns an. Gut so.

Nun ist es aber leider so, dass wir nicht nur die fossilen Rohstoffe übernutzen, sondern auch die nachwachsenden. Das ist dann nicht mehr so wie mit Omas Goldmünzen, sondern vielleicht so wie mit Opas Sparbuch: Das wirft zwar regelmäßig Zinsen ab, ist aber nur eine stabile Einkommensquelle, wenn vom Konto nicht mehr abgehoben wird, als im gleichen Zeitraum durch Zinsen wieder reinkommt. Genau das ist Nachhaltigkeit, und genau das machen wir Menschen nicht: Wer mehr Holz schlägt, als nachwächst, hat irgendwann keine Bäume mehr. Wer mehr Böden auslaugt, als sich regenerieren können, kann irgendwann nicht mehr genug ernten.

Ein deutsch-amerikanisches Forschungsteam hat vor einigen Jahren einmal Peak-Berechnungen zu 20 erneuerbaren Gütern angestellt. Darunter auch Soja, Mais, Reis und Weizen, also die *commodity crops*, die den größten Teil der weltweiten Kalorienzufuhr ausmachen. Außerdem haben sie sich Tierprodukte wie Fleisch, Milch, Eier oder auch Fisch genauer angeschaut. Und nun ja, wie soll man das schonend sagen? Es sieht so aus, als seien wir erledigt.

Bei 18 der untersuchten erneuerbaren Güter liegt das sogenannte *peak rate year* in der Vergangenheit, die jährlichen Zuwachsraten bei der Produktion sinken also bereits, auch wenn die Gesamtmenge vielleicht noch ein bisschen weiter steigt.

Das globale Bevölkerungswachstum ist einer der Hauptgründe für die Übernutzung natürlicher Ressourcen. Wir sind dadurch gezwungen, möglichst viele Nahrungsmittel zu produzieren. Bisher mit den konventionellen Methoden der Landwirtschaft, der Industrialisierung der Agrarwirtschaft, aber auch da sind die Peak-Jahre schon Geschichte: Den höchsten Zuwachs an Ackerflächen datieren die Forschenden auf die 1950er-Jahre. Der Stickstoff-Dünger-Peak lag in den 1980ern. Trotz Gentechnik, Digitalisierung und Hightech im Kuhstall hat das Wachstumstempo beim Essen-Machen sich bereits deutlich verlangsamt. Kurzum: Viel mehr geht nicht. Der Food-Peak ist erreicht, was eine ganz blöde Sache ist. Denn fossiler

Treibstoff lässt sich zwar vielleicht durch E-Fuel substituieren, Brot aber nicht durch E-Brot. Und irgendwas müssen wir ja essen. Im Jahr 2050 sogar 50 Prozent mehr als heute.

So wie es aussieht, kann die Agrarindustrie ihr wichtigstes Versprechen nicht mehr einlösen: den Hunger zu besiegen. Der Welt-Hunger-Index sinkt nicht mehr, er steigt sogar wieder. Während der Nutzen-Peak der Immer-mehr-Landwirtschaft offenbar erreicht ist, werden gleichzeitig die Kollateralschäden immer größer. Mehr Herzkranke und Übergewichtige. Verdorrte Böden. Verbrannter Wald. Das Klima außer Kontrolle. Der Planet rebelliert. Wir haben den Gipfel überschritten.

Man muss kein Umweltschützer sein, um Angst zu bekommen, wenn man sich klarmacht: Das globale Ernährungssystem ist für gut ein Drittel aller Treibhausgase verantwortlich und damit einer der schlimmsten Treiber des Klimawandels. Es ist auch eine der Hauptursachen für die Abholzung der Wälder und verbraucht bis zu 70 Prozent des weltweiten Süßwassers. Wohl noch schlimmer sind die Folgen der intensiven Flächenbewirtschaftung für das Leben selbst: Wir stecken mitten im größten Artensterben seit dem Verschwinden der Dinosaurier, der Weltbiodiversitätsrat befürchtet, von den acht Millionen Arten auf der Erde könnten bis Ende des Jahrhunderts eine Million aussterben. Damit würde der Mensch sich dann wohl als erste Art in der Geschichte des Lebens selbst auf die Rote Liste gefährdeter Arten setzen. Die Ursachen für das Artensterben sind zwar vielfältig und regional unterschiedlich. Für Europa jedenfalls hat die Europäische Umweltagentur in einer Studie aus dem Jahr 2019 die Landwirtschaft ganz klar als Ursache Nummer eins für den Rückgang der Arten, der Ökosysteme und Lebensräume benannt. Innerhalb von nur 30 Jahren sei der Vogelbestand hier um 30 Prozent und der an Schmetterlingen sogar um 40 Prozent zurückgegangen. Es ist absurd, aber ausgerechnet die Lebensmittelproduktion, deren Sinn es ja ist, uns am Leben zu halten, wird nun zu einer Bedrohung für unser Leben.

Die auf Ertragssteigerung ausgerichtete Intensivlandwirtschaft hinterlässt nicht nur eintönige, ausgeräumte Agrarlandschaften. Der Einsatz von schweren Maschinen und die intensive Bodenbearbeitung verdichten auch noch die Erde, machen sie weniger fruchtbar und anfälliger für Wind- und Wassererosion. Gülle und Dünger belasten das Grundwasser und überdüngen Flüsse und Seen, wo der Nährstoffüberschuss ganze Lebenssysteme kippen lässt. Pestizide killen Insekten und Herbizide die pflanzliche Vielfalt, Schwermetalle aus Düngemitteln reichern sich in der Nahrungskette an. Arzneimittel aus der Tierhaltung befördern die Ausbreitung multiresistenter Keime, und die Fähigkeit der Erde, Klimagase zu speichern, sinkt durch Pflügen, Roden, die Trockenlegung von Mooren.

Zwar wird die gesamte landwirtschaftlich genutzte Fläche seit einigen Jahrzehnten nicht mehr größer, das ist aber kein Ausdruck von Bescheidenheit, sondern nur ein Nettowert – natürlich werden immer noch neue Felder angelegt, allein schon, um auszugleichen, was für Straßen, Siedlungen, Industrie und so weiter draufgeht. Und natürlich für den gewaltigen Flächenverlust, den die Landwirtschaft sich selbst zufügt, weil ihre Methoden Böden versauert, auslaugt, versalzt, austrocknet oder auf andere Weise kaputtmacht. Die ökologischen

Folgen der großen Agrarsause werden früher oder später unbezahlbar.

Das globale Nahrungsmittelsystem hat die Orte der Produktion und des Konsums voneinander entfernt. Räumlich – wir essen ganz selbstverständlich Lebensmittel aus Peru, Thailand oder Australien –, aber auch kulturell und psychologisch: Weil im Supermarkt alles immer da ist, haben wir keine Ahnung mehr, was auf den Feldern, in den Ställen und den Nahrungsmittelfabriken eigentlich los ist. Essen von nirgendwo. Und weil es von nirgendwo kommt, wissen wir auch nicht, was es irgendwo anrichtet: in Brasilien, Saudi-Arabien, Spanien oder sonst wo. Wir können die Folgen unseres Handelns nicht mehr sehen, riechen oder fühlen. Für die Bratwurst auf dem Teller und die Schokolade in der Hand zahlen Natur und Menschen anderswo einen hohen Preis – ohne dass wir es merken, weil sich der Ursprung unseres Essens durch das globale System der Welternährung so sehr von uns entfernt hat.

Um wieder ins Bewusstsein zu rücken, was durch das Essen-von-nirgendwo-Prinzip in Vergessenheit geraten ist, entsteht sogar ein eigener Wissenschaftszweig, die Fernkopplungsforschung, auf Englisch *telecoupling*. Sie versucht, das Netz aus Abhängigkeiten wieder zu entwirren. Sie beobachtet zum Beispiel, dass Mexiko auf einmal extrem unter Wassermangel leidet – und findet heraus, dass die Avocados, die wir in Europa so gerne essen, dafür mitverantwortlich sind. Diese Telecoupler können auch erklären, warum in Laos auf einmal so viele Bananenplantagen entstehen: weil die Kommunistische Partei Chinas dem Volk eine Banane pro Tag für die Gesundheit empfohlen hat. Die bisherigen Lieferanten konnten den

Bedarf nicht decken, also tauchten in Laos auf einmal viele chinesische Einkäufer auf, die lokale Farmer dazu überredeten, Bananen zu pflanzen. Und so ließe sich die Aufzählung der Kollateralschäden immer weiterschreiben, wir könnten mehrere Bücher nur damit füllen, aber wir denken, Sie haben jetzt genug davon gehört. Also lassen wir es an dieser Stelle gut sein und stellen etwas allgemeiner fest:

Die Industrialisierung der Nahrungsmittelproduktion war in den vergangenen 200 Jahren segensreich, keine Frage, doch nun ist ein Kipppunkt erreicht, der Schaden überwiegt den Nutzen. Noch größere Kuh- und Schweineställe, noch endlosere Monokulturen, noch schwerere Maschinen, noch mehr Dünger, noch mehr wirtschaftliche Macht in den Händen weniger Großunternehmen, die vielerorts traditionelle soziale Strukturen zerstören, wären eine Bedrohung für die Nahrungsmittelsicherheit der Menschheit. Die »60 Ernten«, die uns nach einer Prognose der UN-Ernährungsorganisation noch bleiben, bis das globale Food-System zusammenbricht, mögen eine problematische Zuspitzung sein. Aber die Belastungsgrenzen der Erde sind tatsächlich erreicht, zumindest bei der Produktion von Essen. Man muss nicht Geowissenschaften studiert haben, um zu verstehen: Unendliches Wachstum auf einem endlichen Planeten ist nicht möglich. Alles hat ein Ende. Wenn wir nicht andere Lösungen finden.

5

Zukunft jetzt
Weniger ist mehr und genug für alle

Als die oberste Zellschicht meines Auges sich von der Hornhaut löst, liegen die Nervenenden plötzlich frei, die sonst darunter geschützt sind. Und das mögen meine Nerven gar nicht. Sie funken ihren Unmut ans Gehirn, das die Nachricht in eine Empfindung übersetzt: Schmerz. Kein leiser, glimmender Stich, sondern ein brüllender, lodernder Höllenschmerz, als hätte man sich ein Glassplitter-Säure-Gemisch unter die Lider gespritzt. Ich wimmere. Erbärmlich.

Klar, jemand hatte irgendwas von »Strahlung« und »Schutzbrille« gemurmelt, aber wer achtet schon auf so etwas, nachts in Uganda, wenn gerade Essen vom Himmel regnet? Ich jedenfalls nicht.

In der Nacht, in der ich mir die Augen verblitzen werde, renne ich unter grellen Scheinwerfern hin und her und sammele Nsenene – so wird die afrikanische Laubheuschreckenart aus der Unterfamilie der Kegelköpfe, die meistens grün und manchmal braun durchs Leben hüpft, in der Bantusprache Luganda genannt.

Im Mpigi-Distrikt, etwa 50 Kilometer südwestlich von Kampala, streuen riesige Heuschreckenfallen weithin sichtbar Licht ins Schwarz. Metallblanke Wellbleche, auf langen Holzgerüsten schräg himmelwärts angeordnet, reflektieren das grelle Licht der Scheinwerfer in den Himmel. Das Licht von sehr vielen und sehr starken Scheinwerfern. Ohne UV-Filter, denn die haben die Nsenene-Jäger abgekratzt, um die Wirkung zu erhöhen. Je mehr Strahlung, desto voller werden am Morgen ihre Säcke sein.

Der Strom für das Licht, mit dem sie ihr kleines Dorf Nacht für Nacht fluten, kommt aus den Leitungen der Gemeinde. Aus denen haben die Männer selbstmörderische Drahtverbindungen bis zu ihren Fallen gezwirbelt. Wenn die Strahlen der Scheinwerfer auf die fünf Augen einer Heuschrecke treffen, lösen sie in dem sechs Kubikmillimeter kleinen Nsenene-Hirn einen unwiderstehlichen Impuls aus: mit dem Analfächer Richtung Lichtquelle steuern! Und so fliegen sie direkt ins Verderben.

Warum viele Insekten von Licht magisch angezogen werden, ist schwer zu sagen. Die Wissenschaft tappt angesichts dieses Ikarus-Syndroms noch weitgehend im Dunkeln. Klar, Insektenaugen reagieren auf UV-Strahlen oft deutlich sensibler als menschliche, aber empfindsam zu sein, ist ja noch kein hinreichender Grund, gleich auf Kamikazemodus umzuschalten. Eine These versucht den suizidalen Kurs so zu erklären: Nachtaktive Insekten orientieren sich auch am Mond. Um geradeaus zu fliegen, halten sie dabei einen konstanten Winkel ein, was ganz gut funktioniert, weil der Mond über 380 000 Kilometer entfernt ist und sich der Winkel zu ihm deshalb nicht nen-

nenswert verändert, wenn das Insekt mal ein paar Hundert Meter in eine Richtung summt. Eine künstliche Lichtquelle am Boden jedoch ist so nah, dass sich der Blickwinkel zu ihr im Flug sehr schnell verändert. Das Insekt korrigiert deshalb ständig die Richtung, was zu einem spiralförmigen Kurs um die Lampe führt. Und irgendwann rammt es dann den »Mond«.

Genau das passiert in Mpigi in dieser Nacht hunderttausendfach. Mit einem dumpfen Klacken prallen die Nsenene auf die hellen Blechwände. Vom Licht und vom Aufschlag benommen, rutschen sie in die Fässer darunter. Sie leben noch, können aber nicht mehr entfleuchen. Bei Morgengrauen werden sie dann in luftig gewebte Kunststoffsäcke verpackt und auf Motorrädern festgezurrt. Hier und da ragt noch ein haariges Sprungbein durch die Maschen und flattert im rasenden Fahrtwind. Die Ware muss so schnell wie möglich in die Hauptstadt Kampala, auf den Markt. Sie muss lebend dort ankommen, denn sie ist leicht verderblich.

Zweimal im Jahr, nach den Regenzeiten im April und November, werden die Grashüpfer wepsig. Millionen Tiere versammeln sich in Schwärmen, die bei Sonnenuntergang von Büschen und Gräsern in den Himmel aufsteigen. Anders als bei der gefürchteten Wanderheuschrecke, die noch viel größere Schwärme bildet und von Zeit zu Zeit als biblische Plage auf die Menschen herabfällt, ist die Ankunft der Laubheuschrecken ein Segen. Denn sie fressen den Menschen nicht das Essen weg, sondern bereichern es: Ihr öliger, nussiger Geschmack, über dem, sofern ganz frisch, eine leicht grasige Note liegt, wird allseits geschätzt.

Früher sammelten Frauen und Kinder nur so viele Kegelköpfe von den Büschen, wie sie finden konnten, und zwar per Hand. Aber heute locken Fallensysteme, die so groß sind wie Häuserblocks und während der Saison jede Nacht säckeweise Nsenene einfangen. Nicht nur in Mpigi, sondern im ganzen Westen Ugandas und neuerdings auch in den Virunga-Bergen im Nachbarland Ruanda.

Die Nsenene sind zum Geschäft geworden. Auf den Märkten in Kampala bringt ein Kilogramm bis zu 50 Dollar – ungefähr so viel, wie ein Mensch in Uganda im Monat durchschnittlich verdient. Auch der internationale Markt ist auf die Heuschrecken aufmerksam geworden. »Grünes Geld« nennen die Ugander ihre Heuschrecken manchmal.

Nsenene sind heute also nicht länger nur ein willkommenes Nahrungsmittel, frei Haus geliefert von der Natur, sondern eine Einkommensquelle. Aber die Schwärme der Nsenene sind nicht unerschöpflich. Die Ugander berichten, dass die Tiere jetzt in kleinerer Zahl und weniger regelmäßig auftauchen. Manchmal bleiben sie ganz weg. Ihre Bestände schwinden. Manche vermuten, dass einfach zu viele Heuschrecken geerntet werden. Die Nsenene haben zudem viel von ihrem natürlichen Lebensraum verloren, weil das Grasland planiert, bebaut und beackert wird.

In Uganda wird das Land knapp – so wie an vielen Orten der Erde.

Im letzten Jahrhundert hat sich der Mensch auf der Erde ausgebreitet wie niemals zuvor. Während vor 100 Jahren noch 85 Prozent der eisfreien Landfläche unberührt waren, sind es heute nur noch 23 Prozent. Zählt man nur die Gebiete, die ökologisch intakt sind, kommt man sogar nur noch auf zwei bis drei Prozent. Heißt: Nur auf ein paar Prozent der Landfläche hat der Mensch noch kein Artensterben verursacht.

Das knappe Viertel Landoberfläche, auf dem wir uns noch nicht ausgebreitet haben, liegt in den Wüsten, Tundren, Hochgebirgen und Regenwäldern der Erde – also fast nur in Gegenden, die nicht für die Landwirtschaft geeignet sind. Von denen brauchen wir aber am meisten: Schon jetzt geht die Hälfte unseres Landverbrauchs auf Kosten unserer Ernährung, zu einem Drittel für pflanzliche Lebensmittel, zu zwei Dritteln für die Fleischproduktion, als Weideflächen oder für den Futteranbau.

Gleichzeitig verliert die Erde ständig fruchtbaren Boden. Auf natürliche Weise, weil er verwittert. Aber noch mehr durch die intensive Landwirtschaft, weil sie den Böden Nährstoffe entzieht und ihre Struktur zerstört, sodass sie unfruchtbar werden und noch schneller vom Wind und Regen davongetragen werden – das, was zum Beispiel in der Dust Bowl in den USA passiert ist. Heute verschwinden so weltweit jedes einzelne Jahr zwölf Millionen Hektar Boden, eine Fläche fast so groß wie Griechenland. Um das einmal einzuordnen: Die gesamte Landfläche des Planeten Erde beträgt etwa 15 Milliarden Hektar. Davon werden etwa 5 Milliarden landwirtschaftlich genutzt, wovon wiederum 1,5 Milliarden Ackerflächen sind. Ganz grob gerechnet, verlieren wir pro Jahr fast ein Prozent der weltweiten Ackerfläche. Wer Zinseszinsrechnungen beherrscht und dann noch die wachsende Weltbevölkerung einbezieht, kommt unter dem Strich auf Weltuntergang.

Bisher gleichen wir den Bodenverlust aus, indem wir immer mehr Land in Anspruch nehmen: Allein seit der Jahrtausendwende stieg die Fläche für Ackerbau um neun Prozent. Während wir also an der einen Stelle Boden aufgeben müssen, dringen wir an der nächsten noch stärker in die Natur vor. Eine Rechnung, die nicht aufgehen kann.

Ende der 2000er-Jahre hat ein regelrechter Run auf Boden begonnen, denn die Finanzbranche hat ihn für sich entdeckt. Versicherungen und Banken spekulieren mit Flecken Erde in Kongo, Argentinien und Ostfriesland, und jeder kann mitmachen, indem er oder sie in die neuen Farmland-Fonds investiert. Norwegische Firmen kaufen Boden in Tansania, chinesische in Venezuela, und Pakistan sichert den Konvois der Saudis bewaffneten Begleitschutz zu, die wertvolles Getreide an der hungernden Bevölkerung vorbei aus dem Land schaffen.

Die Kapitalmärkte wittern zu Recht gute Geschäfte: Neues Ackerland wird knapper und knapper, und gleichzeitig wächst darauf nicht mehr nur unser Essen. Unser Magen konkurriert mit Motoren, die nach Biokraftstoffen hungern, und der Chemie- und Pharmabranche, die aus Pflanzenenzymen und Tierproteinen Zutaten für ihre Produkte gewinnt.

Dabei braucht die Menschheit bis 2050 sogar 50 Prozent mehr Nahrung als heute. Weil die Weltbevölkerung bis dahin weiter stark zunehmen wird und weil die Menschen in Schwellenländern sich in ihren Ernährungsgewohnheiten an den globalen Norden angleichen. Heißt: mehr Kalorien und mehr Fleisch essen, weil sie es sich nun leisten können und der Big-Food-Komplex mit seinen Industrielebensmitteln auf die Märkte drängt. Um den Bedarf zu decken, müssten sich die Ernten in einigen Teilen der Welt mehr als verdoppeln. Aber wo soll das Land dafür herkommen? In vielen Gegenden

Asiens zum Beispiel wird schon jetzt aller Boden genutzt, der überhaupt für Landwirtschaft in Frage kommt.

Mehr Erde geht also nicht. Vielleicht brauchen wir sie aber auch gar nicht. Schon ein paarmal sind wir der Malthusianischen Falle entkommen, nach der die Landwirtschaft immer nur linear und durch mehr Flächeninanspruchnahme wächst. Und seit Malthus und später der industriellen Revolution haben sich Technologie und Wissenschaft unglaublich weiterentwickelt. Sie versprechen, unsere Ernährung so weit wie möglich von den Ressourcen der Erde zu entkoppeln. Ein Menschheitstraum, in dem es nur so vor Heuschrecken und anderem Getier wimmelt.

Auf der Jagd nach Proteinen

Die Menschen von Mpigi sind in ziemlich guter Gesellschaft: Zwei Milliarden Menschen auf der Welt essen zumindest ab und zu Insekten, viele davon regelmäßig. 2000 bis 4000 Insektenarten gibt es auf der Erde, die für den Verzehr geeignet sind. Am häufigsten greift man in Teilen Afrikas, Asiens und Lateinamerikas zu Made & Co. Aber erst seit einigen Jahren trauen sich westliche Wissenschaft und Wirtschaft an Insekten als Nahrungslieferant heran. Die Ernährungsorganisation der Vereinten Nationen hat bereits erklärt, Insekten würden für die Ernährung der Menschheit künftig immer wichtiger. Und spätestens seit die Europäische Union im Januar 2023 mit der »Durchführungsverordnung 2023/5« ein paar »Novel-Food-Anträge« genehmigt hat, die den Getreideschimmelkäfer und die Hausgrille zu Lebensmitteln machen, sind Insekten in den Laborküchen der Food-Industrie die Empfehlung des Tages.

Fürs Insektenessen sprechen viele gute Gründe. Nehmen wir das Beispiel Nsenene, wissenschaftlicher Name *Ruspolia differens:* Nachdem auf dem Markt Flügel und Beine entfernt wurden, landen die Kegelköpfe in der Pfanne. Ihr Fettgehalt ist so hoch, dass sie problemlos im eigenen Saft braten. Sie sind reich an Omega-3-Säuren und anderen guten, weil ungesättigten Fetten. Ihr Fleisch enthält bis zu doppelt so viel Protein wie Rind oder Huhn und übertrifft dabei sowohl Getreide als auch Hülsenfrüchte und Nüsse. Und Nsenene liefern Vitamine und Mineralien, besonders Zink und Eisen, an denen es gerade in den Teilen der Welt mangelt, wo die Menschen nicht viel zu essen haben. Dazu kommen Kalzium, Selen und Phosphor. Heuschrecken sind hüpfende Energieriegel.

Insekten selbst produzieren keine Gülle und verursachen weniger Abfall als andere Nutztiere. Und weil man sie in ihren Aufzuchtbehältern stapeln kann, verbrauchen sie zudem viel weniger Fläche – genau das, was unsere Nahrungsproduktion nötig hat.

Insekten sind auch extrem gute Futterverwerter. Rinder verfressen bis zur Schlachtreife acht- bis zehnmal ihr Körpergewicht, Schweine fünfmal, das Huhn – das effizienteste Tier in unserer Lebensmittelindustrie, wie wir in Kapitel 2 gezeigt haben – immer noch 2,5-mal. Für ein Kilogramm Insektenernte braucht es dagegen nur zwei Kilogramm Futter.

Außerdem müssen wir die Insekten nicht einmal unbedingt selbst essen. Die Hochleistungsrassen der Fleischindustrie brauchen ebenfalls viel Eiweiß, das oft aus wertvollem Fischmehl oder Soja stammt, für das Ozeane befischt oder Regenwaldbäume gerodet wurden. Das Protein könnten aber genauso Insekten liefern.

Das umzusetzen, versucht madebymade, eine junge Firma in Sachsen, die in einem tristen Nutzbau aus DDR-Zeiten die Zukunft plant. Die Geschäftsgrundlage sind 25 Millionen sexbesessene Soldatenfliegen. Nach nur ein paar Tagen schlüpfen aus deren Eiern Larven. Dabei entwickeln sie in ihren Aufzuchtwannen so viel Hitze, dass ihr Stall immer gewächshauswarm ist und sogar noch Abwärme entsteht, die sich nutzen ließe. Nach gut zwei Wochen haben die Maden ihr Gewicht verfünftausendfacht! Dafür brauchen sie kein teures und umweltschädliches Mastfutter. Sie sind Müllschlucker. Sie machen aus Abfall neue Nahrung.

Man könnte etwa die Currywurst-Reste aus Kantinen an sie verfüttern, die fetten Maden dann trocknen, dem Schweinefutter beimengen und sie so in neue Currywürste verwandeln, die nach wie vor das beliebteste Essen in deutschen Kantinen sind. Um die gleiche Proteinmenge zu erzeugen wie Rinder, benötigen die Soldatenfliegen nur ein Hundertfünfzigstel der Fläche und überhaupt keinen Mutterboden.

Aus 220 Kilogramm organischem Abfall werden bei »madebymade« etwa 30 Kilogramm Maden plus 30 Kilogramm braunes Pulver, das Geschäftsführer Kai Hempel »Insect Frass« nennt. Ein besonders hochwertiger und ökologischer Dünger, der hauptsächlich aus Insektenkacke besteht.

Schwein wird zu Made, Made wird zu Speck – ein fast perfekter biologischer Kreislauf. Wissenschaftlich und landwirtschaftlich könnten die Insekten-Farmer das jetzt schon realisieren, nur die Bürokratie schwingt noch die Fliegenklatsche: Es ist in Deutschland nicht erlaubt, aus Essensresten neues Essen zu machen. Deswegen stellt madebymade bislang nur Tierfutter und keine Lebensmittel für Menschen her. Konzerne wie Wiesenhof prüfen ernsthaft, ob sie das Soja aus dem Amazonas-Regenwald nicht zumindest teilweise durch proteinreiche Insekten im Futter ersetzen könnten. Allein das wäre schon ein großer Fortschritt.

Noch besser wäre es aber, wenn der Mensch selbst das Krabbeltier-Protein auf den Teller bekäme. Fast alle verspeisten Insekten werden immer noch wild gefangen; wie sie sich im industriellen Maßstab züchten lassen, probieren Produzenten zum ersten Mal überhaupt aus. Dass das nicht so einfach ist, weiß man in Uganda: An der Universität in Kampala versuchen Forscher, Nsenene zu züchten, um die schwindenden Bestände auszugleichen. Dabei haben sie festgestellt, dass sie auf einem Liter Volumen maximal fünf Exemplare halten können, weil sich die Tiere sonst gegenseitig anknabbern. Überhaupt, das Futter: Erst in langen Versuchen haben die Biologen herausgefunden, welche Samen die Heuschrecken gern fressen. Bevor Insekten wirklich effizienter und gleichzeitig umweltfreundlicher sind als das Huhn, liegt also noch ein langer Weg vor Forschenden und Start-ups. Die sind trotzdem hingerissen von den Möglichkeiten, die Insekten für unsere Ernährung bieten.

Wer im Urlaub einen Markt in Peking oder Cancún besucht, erzählt danach mit einem wohligen Schauer von Skorpion am Stiel oder gerösteten Maden. Aber so weit muss man für den Kick gar nicht mehr reisen: In deutschen Outdoorläden kann man Riegel aus Büffelwürmern und ganze Mehlwürmer als Super-Food kaufen, und bei Kaufland gab es bis vor Kurzem Müsli mit Insekten im Sortiment.

Das hat die Supermarktkette aber wieder aus dem Programm genommen. Wahrscheinlich fanden sich einfach nicht genug willige Kunden. Genau das beklagen Forschende und Unternehmen: dass die Menschen in den Industrieländern einfach nicht auf Maden, Heuschrecken und Würmer umsteigen möchten, weil es gegen ihre Ernährungsgewohnheiten verstößt. Dabei ist Insektenessen universal: Man findet es außer bei uns überall auf der Welt. Und ganz sicher haben auch die Jäger und Sammlerinnen Europas einst Insekten verspeist. Erst mit der Sesshaftwerdung und den Nahrungstabus der Weltreligionen wurde das verdrängt. Dagegen gelten Hummer und Shrimps als Delikatesse, obwohl sie als Gliederfüßer eng mit Insekten verwandt sind (und sich einige von ihnen übrigens sehr unappetitlich von Aas ernähren). Wäre es wirklich so schlimm, wenn wir neben all den Geliermitteln, Geschmacksverstärkern, Schmelzsalzen und Stabilisatoren auch etwas Heuschreckenprotein in unseren Lebensmitteln hätten?

Der Vorteil von Insektennahrung liegt vor allem darin, dass sie eine Alternative für Fleisch bieten kann. Denn das liefert bisher immer noch den Großteil des Proteins – des wichtigsten Bausteins jeder einzelnen Zelle unseres Körpers. Der Industrialisierung ging es in ihren Anfängen vor allem darum, schnell genug Kalorien auf den Tisch zu bekommen. Schließlich musste sie eine sprunghaft wachsende Bevölkerung ernähren. Herausgekommen sind Lebensmittel, die zwar satt machen, aber uns trotzdem schlecht versorgen und mehr Zucker und andere Kohlenhydrate enthalten, als gut für uns und den Planeten ist. Jetzt versucht die Ernährungsforschung, diesen Fehler mit mehr Proteinen zu korrigieren – und die müssen nicht mal von lebenden Tieren stammen.

Fleisch aus Luft und Licht

Als Mark Post am 5. August 2013 in London vor die Fernsehkameras trat, war das der entscheidende Moment in seiner Karriere – und vielleicht auch für die Zukunft unserer Ernährung. Eigentlich ist Post Pharmakologe, aber an diesem Tag hatte er der Welt statt neuer Medikamente etwas anderes zu präsentieren: das erste Fleisch aus dem Labor. Vor Journalisten und Live-Publikum hob er eine silberne Speiseglocke hoch, darunter tauchte ein Fleisch-Patty auf, das seine Petrischale genau bis zum Rand ausfüllte. Es hatte dieselbe Farbe wie rohes Rind, aber die Textur unterschied sich: nicht so bröckelig wie Hack, aber auch nicht fest und zart gemasert wie Steak. Eher so, als hätte jemand die kleinen Stubbel, die ein Radiergummi auf Papier hinterlässt, zusammengepackt und in Bulettenform gepresst. Das Fleisch wurde auf der Bühne gleich noch in der Pfanne gebraten und Testessern serviert. Es soll eher fade geschmeckt haben, aber das lag ja vielleicht am Koch.

Laut einer aktuellen Umfrage wollen 42 Prozent aller Deutschen ihren Fleischkonsum reduziert haben, um Erde und Klima zu schützen. Tatsächlich ist der Fleischkonsum gerade recht plötzlich auf gut 50 Kilogramm pro Kopf und Jahr gesunken, nachdem er lange um die 60 Kilo gedümpelt hat. Das ist aber immer noch viel zu viel für den Planeten, und das sagt auch die Medizinforschung, die nur Mengen bis etwa 30 Kilo für gesundheitlich unbedenklich hält.

Unser Fleischhunger bringt uns in ein Dilemma. Denn gerade beim Fleischessen gibt es viel Potenzial, etwas für den Planeten zu tun. Schließlich ist es für zwei Drittel der Umweltkosten verantwortlich, die unsere Ernährung verursacht – und zumindest in Deutschland sind sich dessen viele sehr bewusst. Trotzdem sind Currywurst, Burger und Schnitzel immer noch heiß geliebt. Um das Dilemma zu lösen, arbeiten Forschende und Unternehmer auf der ganzen Welt fieberhaft an Alternativen.

Besonders die Textur, das vertraute Kauen und Beißen, macht den Lebensmitteldesignern Bauchschmerzen: Bisher ist es keinem gelungen, das Gefühl von Steak auf der Zunge exakt nachzubilden. Mit Hack klappt das aber bereits sehr gut. Sojafleisch und Tofu-Nuggets gibt es in fast jedem größeren Supermarkt zu kaufen. Gerade die neueste Generation von Fake-Fleisch, meist aus Erbsenprotein, ähnelt ihren tierischen Vorbildern so sehr, dass bei Blindverkostungen kaum noch jemand den Unterschied herausschmeckt. Überzeugte Fleischesser sehen darin trotzdem Pflanzenfraß. Was wäre, wenn sie stattdessen zu echtem Fleisch greifen könnten – nur ohne abgeholzte Regenwälder, ohne Tierfabriken, ohne zerstörte Böden?

Genau das versprach Mark Post bei seinem Fernsehauftritt in London. Zehn Jahre später steht das sogenannte In-vitro-Fleisch kurz vor dem Durchbruch. Posts Burger hat noch 250 000 Dollar gekostet – jetzt bereiten sich einige Unternehmen darauf vor, dessen Nachfolger zu erschwinglichen Preisen auf den Markt zu bringen. Und anders als noch bei Post müssen dafür keine Kälberembryonen mehr sterben.

Das Verfahren für In-vitro-Fleisch ist zwar aufwendig, aber schnell erklärt: Per Biopsie werden einer Kuh Stammzellen entnommen, die dann in einem Bioreaktor in einer Nährlösung wachsen – bis ganze Fleischstreifen entstehen, genetisch identisch mit echtem Rind. Unternehmen haben die Methode von der Petrischale auf riesige Kesselanlagen hochskaliert, nicht ganz unähnlich denen, die man in Brauereien findet. Sie nennen ihr Laborfleisch »Clean Meat«, weil es keine Tiere leiden lässt, Fläche für Weiden und Futteranbau spart und am Ende keine Gülle herauskommt, die den Boden überdüngt.

Andere Unternehmen haben einen weiteren Ansatz: Sie arbeiten ebenfalls mit Bioreaktoren und Nährlösungen, aber darin sitzen keine Stammzellen, sondern Bakterien, Algen oder Pilze. Die sollen am Ende dem Menschen Proteine liefern; sie selbst ernähren sich, so ähnlich wie die Maden der Soldatenfliegen, von Stroh und anderen organischen Resten, von Müll also, der andernorts anfällt. »Fleisch aus Luft« – so wirbt eine Firma für ihre Methode. Das bekannteste Beispiel für Nahrung aus Mikrobenprotein ist Quorn, für dessen Steaks, Nuggets und Geschnetzeltes das Myzel eines Schlauchpilzes fermentiert wird.

Auf Müll gezüchtetes Protein und künstliches Laborfleisch haben im Moment aber noch zwei große Probleme: Sie fressen viel Energie, sind also nicht sehr klimafreundlich und ressourcenschonend. Und: Die Menschen müssen es essen wollen.

Ersteres könnte man lösen, indem auf erneuerbare Energien umgestiegen oder der Prozess so weit optimiert wird, dass er weniger Energie verbraucht als die Fleischproduktion. Bis dahin schneidet Fleischersatz aus Erbsen, Weizen oder Soja in der Umweltbilanz viel besser ab, weil so die Energie der Pflanzen gleich dem Menschen zugutekommt, ohne den ressourcenverschwendenden Umweg über die Fleischproduktion. Fleisch aus Soja verursacht pro Kilo nur 2,8 Kilogramm Treibhausgase (Schweinefleisch dagegen 4,1, Geflügel 4,3 und Rind sogar 30,5 Kilo). Soja-Lyoner, Erbsen-Leberwurst und Weizen-Salami sind zwar hochverarbeitet, aber nicht ungesünder als die Bärchenwurst von der Fleischtheke. Und anders als das In-vitro-Fleisch liegen sie schon jetzt in den Supermarktregalen.

Bald könnte aber sogar Laborfleisch zum ganz normalen Angebot gehören. Clean Meat gibt es in Singapur schon länger zu kaufen, und im Sommer 2023 hat auch die US-Lebensmittelaufsicht FDA grünes Licht dafür gegeben. Italien hat dagegen das Fleisch aus dem Labor verboten, um die eigene Agrarproduktion zu schützen. Und auch, weil wir in Europa besonders vorsichtig sind mit allem, was neu auf unseren Tellern landet. Besonders, wenn Hochtechnologie ins Spiel kommt, wie wir später noch sehen werden. Wenn es aber darum geht, wo unsere Nahrung herkommt, lassen wir uns gern auf Zukunftsträume ein.

Spinat vom Mars

Es war gar nicht schwierig, ins Paradies zu gelangen: Zweimal klopfen, dann öffnete sich die weiße Metalltür – und ich war drin, im Garten »Eden«. Okay, die Anreise war lang: Fast

10 000 Kilometer über den afrikanischen Kontinent bis nach Kapstadt, noch mal 5000 Kilometer über das Südpolarmeer, dann ein paar Stunden übers ewige Eis fliegen und schließlich noch 400 Meter zu Fuß von der deutschen Antarktisstation Neumayer III bis zu einem handelsüblichen Schiffscontainer. Aber wenn man das mal geschafft hat, ist der Zugang ein Kinderspiel. Die Tür zum Paradies hatte nicht einmal ein Schloss.

Im »Eden«-Projekt in der Antarktis haben Forschende des Deutschen Zentrums für Luft- und Raumfahrt von 2015 bis 2019 versucht, der Schöpfung ein bisschen auf die Sprünge zu helfen. In Kooperation mit den Weltraumagenturen ESA und NASA wollten sie das Problem lösen, vor dem Erdlinge stehen, wenn sie ihren Planeten verlassen. Wer den Boden des irdischen Paradieses aufgibt, etwa um schwerelos zum Mars zu schweben, sollte vorher unbedingt vom Baum der Erkenntnis naschen, um unterwegs nicht zu verhungern: Denn woher kommt die viele Nahrung, die eine Besatzung auf einer mehrjährigen Weltraummission braucht?

Blöderweise lässt jedes Kilogramm Essen, das mit einer Rakete in den Weltraum fliegt, die Frachtkosten kometenhaft ansteigen. Außerdem kriegen selbst hartgesottene Astronautinnen schlechte Laune, wenn sie sich jahrelang Tubennahrung reindrücken müssen und nichts Frisches zwischen die Zähne bekommen. Viele Sci-Fi-Raumschiffe haben deshalb ein eingebautes Gewächshaus, das der Crew vor der nächsten Raumschlacht noch ein paar stärkende Vitamine liefert. So etwas wollen die realen Raumfahrer auch – und wie es aussieht, werden sie es bekommen. Mit Kunstlicht statt Sonne, Gewebegeflecht statt Muttererde und Nährlösung statt Regen haben die zwölf Quadratmeter Paradies auf dem antarktischen Schelfeis genug Grünzeug geliefert, um die neunköpfige Winterbesatzung von Neumayer III jeden Tag mit Salat zu versorgen. Ob die Mars-Mission klappen wird, steht noch in den Sternen. Einem anderen Menschheitstraum sind die »Eden«-Bewohner aber schon sehr nahegekommen: Essen ohne Erde.

Bei Nordic Harvest in Kopenhagen verfolgt Anders Riemann zwar sehr irdische Ziele, aber mit ganz ähnlichen Methoden wie die Weltraumforscher in der Antarktis. Auch hier stapeln sich Pflanzenwannen in Regalen, scheint genau dosiertes Lampenlicht auf fotosynthetisierende Grünlinge, die auf Fasermatten stehen und ihre nackten Wurzeln in eine Nährsuppe hängen lassen. Bei Anders ist alles nur sehr viel größer als auf dem Schelfeis. Er will seine Fabrik ja auch nicht zum Mars fliegen lassen, sondern möglichst effizient Nahrungsmittel produzieren.

In Europas größtem Hochhaus-Bauernhof gedeihen schnellwachsende Pflanzen wie Salat und Kräuter auf 14 Stockwerken. Weil jeder, der die fensterlose Fabrikhalle betritt, durch eine Desinfektionskammer muss, kann hier völlig auf Pestizide und Herbizide verzichtet werden. Die notwendige Energie liefert ein großes Windrad, der Wasserverbrauch ist sehr viel geringer als im Freiland, und geerntet wird zehn- oder sogar zwanzigmal pro Jahr, je nach Pflanze. Unter Volllast kann die Gemüsefabrik jeden Tag ein paar Tonnen ernten und an die regionalen Lebensmittelmärkte liefern. Das laufende Geschäft schreibt schon schwarze Zahlen. Und ist enorm platzsparend: Um ganz Deutschland jeden Tag mit frischem Salat zu versorgen, bräuchte es nur eine etwa 300 Fußballfelder große Fläche, rechnet der Zahlenmensch Anders mit sichtlichem Vergnügen vor.

Anders ist gerade dabei, seine Fabrik zu erweitern und plant Produktionsstätten auf der ganzen Welt. Der Nordic-Harvest-Gründer hat seine grundsolide Businesskarriere untergepflügt und sein gesamtes Privatvermögen und -leben geopfert – um der Welt zu beweisen, dass seine bodenlosen Wachstumsfantasien tatsächlich funktionieren: Er träumt davon, dass die Menschen der Natur eines Tages all die Flächen zurückgeben können, die dank seiner Gemüsefabriken nicht mehr gebraucht werden. »Gesunde Menschen in der Stadt und eine gesunde Natur vor der Stadt«, so stellt Anders sich diese andere, umweltschonende Landwirtschaft der Zukunft vor. Ein Traum, den viele teilen: Die sogenannten *vertical farms* schießen wie, nun ja, Pilze aus dem Boden. Von Singapur über Frankreich und die USA bis nach Kuwait – auf der ganzen Welt testen Farmer, wie man ohne Erde erntet. Die Website *Vertical Farming Planet* listet mehrere Tausend Betriebe auf, die für die Zukunft ackern: Auf Dächern in New York, in stillgelegten U-Bahn-Schächten in London, in Hallen und Kellern und Zelten werden heute schon Milliarden Dollar pro Jahr erwirtschaftet. Die Branche boomt.

Bisher funktioniert diese Bauernwelt im Hochhausformat allerdings nur mit Pflanzen, die schnell und kompakt wachsen. Getreide oder Obst bräuchten viel zu viel Platz und Energie. Die Erwartungen an die neue Anbaumethode sollten deshalb nicht in den Himmel sprießen – eine sinnvolle Ergänzung zur konventionellen Landwirtschaft ist sie aber bestimmt, um die Erde ein wenig zu entlasten. Und wer weiß – vielleicht könnten in den Hochhausfarmen einer fernen Zukunft sogar Pflanzen reifen, die wir heute noch nicht mal kennen?

Gen-Monster und Zukunftsretter

Wissenschaftler lieben Zebrafische. Die drei Zentimeter großen, gestreiften Tierchen vermehren sich rasant, teilen 70 Prozent unserer Gene, und ihre Larven sind durchsichtig, sodass man gut erkennen kann, was in ihrem Inneren passiert. Forschende testen an ihnen Medikamente und Krankheitsprozesse. Sie haben sie sogar zum Leuchten gebracht – indem sie das Gen einer fluoreszierenden Qualle ins Erbgut eingekreuzten. Die Zebrafische sollten strahlen und so anzeigen, wenn sich Umweltgifte in ihrer Umgebung befinden.

Doch stattdessen ließ sich eine Firma die Genveränderung patentieren. Jetzt kann man sogenannten GloFish für zu Hause kaufen, in den Farben »Moonrise Pink«, »Electric Green« oder »Galactic Purple«. Züchten sollen Aquaristen diese Patent-Haustiere nicht, was sie aber natürlich trotzdem tun. Ein Künstler-Gastronomen-Kollektiv verarbeitet sie sogar zu Sushi, als »Stop and Glow Nigirizushi« und »Not in California Roll«. Und mittlerweile sind Glüh-Fische, die ursprünglich aus Südasien stammen, dem Menschen wieder entwischt und planschen frei in brasilianischen Quellbächen.

Was ist der leuchtende Zebrafisch nun: Labororganismus, geliebtes Haustier, wildlebende Art? Oder sogar Lebensmittel?

Der Glüh-Fisch bringt die Kategorien ganz schön durcheinander. Und wie immer reagiert der Mensch ziemlich ungehalten, wenn etwas nicht ins Raster passt. Der Knackpunkt ist hier, dass es sich bei diesen Exemplaren um gentechnisch veränderte Organismen handelt, kurz GVO. Beim Pferd oder Kaninchen akzeptieren wir in der Regel, dass es wild lebt, als Haustier gehalten und manchmal auch gegessen wird. Der leuchtende Zebrafisch dagegen hat auf seiner Reise durch die Hände der Menschen für ganz schön viel Ärger gesorgt. Viele lehnen es an sich schon ab, Lebewesen genetisch zu verändern und zu patentieren. Noch mehr Menschen sorgen sich, wenn so ein Laborwesen als schmückendes Haustier ausgebeutet wird oder in die Natur gelangt. Und essen will den Glüh-Fisch sowieso fast niemand.

Derzeit wird beim Essen wohl um nichts so bitter gestritten wie um GVO-Lebensmittel. Dabei spielen wir schon seit Jahrtausenden an den Genen unserer Lebensmittel herum, auch die natürlichsten von ihnen sind keine Produkte der Natur – so wie der Mais aus Kapitel 3, den frühe Bauern aus der wilden Teosinte formten. Seit den 1930ern nutzen wir dazu auch Radioaktivität und Chemie: Weizen- oder Tomatensorten stammen oft aus Mutationszüchtung, indem die Pflanzen mit Strahlen beschossen oder Chemikalien ausgesetzt werden. Die Züchter wählen dann die Mutationen mit den erwünschten Eigenschaften aus. Die rosafarbene Grapefruit aus der Stammlinie »Ruby« ist ein Beispiel dafür. Es ist die meistverkaufte Grapefruit der Welt.

Die Mutationen entstehen aber nur durch Zufall, und es kann passieren, dass dabei andere Gene gleich mitverändert werden. Die müssen die Züchter dann mühsam wieder herauskreuzen, was Jahrzehnte dauern kann, wie einst bei Norman Borlaug und seinem effizienten Zwergweizen.

Statt mit Ionenstrahlen blind auf unser Essen zu schießen und auf gute Ergebnisse zu hoffen, gehen Gentechniker heute viel präziser vor. Sie können einen DNA-Strang zerschneiden und ein oder mehrere Gene isolieren. Auf einer Virus-DNA werden diese dann in die Wirtszelle eingebracht, wo sie Teil des Erbguts werden. In der Regel fügen die Forschenden noch ein Marker-Gen hinzu, meistens eine Antibiotikaresistenz. So lassen sich Patente für GVO-Pflanzen sichern, und die Genmanipulation bleibt erkennbar. An sich müssten sie das aber nicht. Eine genveränderte Pflanze wäre dann nicht mehr von einer natürlich mutierten Variante zu unterscheiden.

In vielen Gegenden der Welt wird Gentechnik in der Landwirtschaft angewandt. Allen voran in den USA, wo auf rund 70 Millionen Hektar Land Genmais, -raps und -soja wachsen. Die Sorten wurden so verändert, dass sie mehr Ertrag bringen und sich besser gegen Schädlinge wehren können. Im Schnitt liefern die GVO-Pflanzen 22 Prozent mehr Ernte. Aus Indien berichten Landwirte, dass sie dank Gentechnik den Einsatz von Pestiziden um die Hälfte verringern konnten.

In Europa sitzt die Angst vor Gentechnik dagegen tief. Hier darf nur Mais in genveränderter Form angebaut werden, und auch nicht überall. Besonders in Deutschland hat Gentechnik keine Lobby, zu tief sitzen die Ängste und die romantische Vorstellung von einer unberührten Natur. Entscheider, die dafür sind, riskieren Wählerstimmen und im schlimmsten Fall ihren Job. Dabei sprechen sich sogar die Nationale Akademie der Wissenschaften und der Ethikrat für eine kontrollierte Zulassung aus – trotz valider Bedenken.

Die größte Sorge: Was passiert, wenn man gentechnisch

veränderte Pflanzen aufs Feld bringt – also in eine Umgebung mitten in der Natur, die man nicht kontrollieren kann? Der Wind könnte die Pollen der Genpflanzen über den Feldrand hinaustragen, wo sie sich mit anderen kreuzen könnten. Und wenn zum Beispiel gentechnisch veränderter Mais sein Insektengift selbst bildet, würden vielleicht auch Tiere davon fressen, die geschützt sind – und womöglich sterben. Auch könnten die Insekten, auf die man es eigentlich abgesehen hat, Resistenzen ausbilden. Bei so vielen Konjunktiven hat es der Indikativ natürlich schwer, überhaupt noch gehört zu werden.

Auf Grundlage von Spekulationen grundsätzliche Verbote auszusprechen, kann man vorsichtig finden, aber auch übertrieben. In Deutschland haben wir sehr lange immer nur den Gen-Teufel auf den Acker gemalt, auch deshalb assoziieren viele mit dem Begriff »genmanipuliert« ausschließlich Horrorfantasien. Dabei ist selbst im GVO-Mutterland USA nach all den Jahren massenhafter Aussaat auf Millionen Hektar Land noch immer kein Genmais zu einer Frankenstein-Pflanze mutiert. Vorsicht ist notwendig und ratsam, keine Frage, aber die Gen-Panik hat hierzulande manchmal schon fast pathologische Züge. Das Ganze ist auch deshalb etwas irrational, weil schon sehr, sehr lange genmanipulierte Pflanzen und Tiere auch unsere Bauernhöfe bevölkern.

Denn die beschriebenen Effekte betreffen nicht nur Genmais oder -weizen, sondern auch all jene Sorten, die anders verändert wurden, zum Beispiel durch Mutationszüchtung. Auch daraus entstandene Sorten kommen in der Natur nicht vor, und ihre Ausbreitung kann nicht vollständig kontrolliert werden. Ebenso treffen herkömmliche Pestizide und Herbizide

Schädlinge genauso wie geschützte Arten und verursachen Resistenzen – ein Grund, wieso die Industrie immer wieder neue Pflanzenschutzmittel zusammenbraut. Und es gibt keinen wissenschaftlichen Beweis dafür, dass gentechnisch veränderte Lebensmittel dem Menschen schaden; die Weltgesundheitsorganisation hat sie für unbedenklich erklärt.

Damit wollen wir als Autoren keine Lanze brechen für den uneingeschränkten Einsatz von GVO. Es ist absolut sinnvoll, eine neue Technologie genau zu prüfen. Nur scheint sich die Frage »Gentechnik: ja oder nein?« in Europa mal wieder ums Prinzip zu drehen und nicht um sachliche Argumente. Und das ist immer schlecht, wenn man eine Lösung finden will.

»Ein Bild des Schreckens ist das, wenn man hierzulande über Gentechnik reden will«, sagte ein Professor, mit dem wir für dieses Buch gesprochen haben.

GVO hat – wie jede andere Technologie – Auswirkungen und Risiken. Aber sie bietet auch Möglichkeiten, von denen die Menschheit lange nur träumen konnte.

Bisher geht es bei den gentechnisch veränderten Sorten vor allem um mehr Ertrag und Resistenz gegen Schädlinge. Aber man könnte auch Pflanzen züchten, die tiefere Wurzeln bilden – und so mit weniger Bewässerung auskommen und resistenter sind gegen den Klimawandel. Oder solche, die auf den versalzenen Böden in überbewässerten Gegenden wachsen können. Einige Forschende versuchen derzeit, Getreide aus mehrjährigem Gras zu züchten, sodass Landwirte nicht jedes Jahr den Boden umpflügen müssten. Das wäre gut fürs Klima, die Artenvielfalt und die Böden und könnte im Idealfall einen großen Beitrag zum Umweltschutz leisten.

Ein unglaublicher Gewinn wäre es auch, wenn Pflanzen bessere Futterverwerter wären – oder sich gleich selbst versorgten. Sie nehmen nämlich nur einen Teil der zugefügten Nährstoffe auf – der Rest überdüngt den Boden und lässt die Meere versauern. Einige Gemüsepflanzen ziehen sich jedoch durch eine Symbiose mit Bakterien den Stickstoff einfach direkt aus der Luft. Genau das also, was das Haber-Bosch-Verfahren synthetisch leistet – Stickstoffproduktion für Düngemittel –, können diese Arten selbst. Wenn die Gentechnik es schaffen würde, Getreide so zu verändern, dass es dazu in der Lage ist, Stickstoff aus der Luft zu binden – dann müssten wir gar nicht mehr düngen. Und ein riesiges Problem wäre aus der Welt geschafft.

Die Gentechnik könnte sogar wieder für mehr Vielfalt sorgen. Denn auf dem Weg zu unseren heutigen Nahrungspflanzen sind viele gute Eigenschaften und nützliche Arten verschwunden. Die Wissenschaft kann Urweizen im Labor wieder lebendig machen und Tausende Jahre Ackerbau und Züchtung in nur Monaten nachvollziehen.

Im Grunde sind den Ideen keine Grenzen gesetzt. Noch klingen viele davon nach Science-Fiction. Und die verursacht immer auch ein bisschen Gänsehaut.

Schluss mit »Immer mehr«

Ein Frühsommertag in der Schweiz, die Sonne hängt schon etwas tiefer über den Hügeln am Horizont. Vor meinen Füßen schießen die zarten Blätter junger Zuckerrüben aus dem

Boden, brav in Reih und Glied, 100 Meter weit in alle Richtungen der Ebene. Am Feldrand parkt ein Traktor, dahinter stehen ein paar kleine Bauernhäuschen und Silos. Alles so weit normal auf diesem Feld. Wäre da nicht dieses seltsame Gefährt, das zwischen den Reihen der Pflänzchen ruckelt. Es sieht aus wie eine halbe Tischtennisplatte auf Schubkarrenreifen. Oben aus der Platte, die in Wirklichkeit ein Solarpanel ist, ragt eine Antenne. Dort sitzt das Auge des Gefährts, eine Kamera. Offenbar hat die gerade etwas entdeckt, denn die Tischtennisplatte hält an. Auf einmal klappt ein dünner Metallarm nach unten – und sprüht eine Flüssigkeit neben eine der Rübenpflanzen. Ein kleiner Spritzer nur, nicht mehr als einmal pumpen an der Parfumflasche. Der Roboter weiß: So viel reicht, um das Unkraut an dieser Stelle zu bekämpfen.

Der Tischtennisplatten-Roboter ist der *smart weeder* eines Start-ups. Er gehört zu einer ganzen Flotte von Agrarrobotern, die derzeit auf Feldern überall auf der Welt getestet werden: Manche sind kastenförmig wie Kühlschränke oder Kopierer, andere sehen aus wie motorisierte Wäscheständer. Auch in Deutschland rattern sie über Versuchsfelder, kleine und große, zarte und kompakte Maschinen. Sie spritzen wie der *smart weeder* Herbizide neben Gemüse oder schießen Laserstrahlen auf Unkraut zwischen Getreidehalmen, andere wühlen den Boden neben Rebstöcken mit Zahnrädern um. Nur eine menschliche Hand können sie bisher nicht ersetzen: Eine einzelne Pflanze gezielt auszureißen, damit tun sie sich schwer. So, wie der an der Universität Bonn entwickelte Roboter, der mit seinem Ärmchen auf das Unkraut einhämmerte, es nie in die Serienreife geschafft hat.

Die Minifeldmaschinen sind ein wichtiger Bestandteil der sogenannten Präzisionslandwirtschaft, deren Möglichkeiten bei vielen Landwirten und Agrarforschenden derzeit Schnappatmung auslöst. Sie versprechen sich davon nicht nur eine billigere Produktion und bessere Ernten. Precision Farming hat in ihren Augen das Potenzial, die industrialisierte Landwirtschaft von Grund auf zu verändern – und sie vielleicht sogar ganz abzulösen.

Das ist ziemlich ironisch, denn erst die Intensivlandwirtschaft hat mehr Präzision überhaupt notwendig gemacht. Weil die Felder immer größer wurden, war es schlicht nicht mehr sinnvoll, jeden Meter Boden gleich zu behandeln. Deshalb fahren in Brasilien und den USA schon seit 20 Jahren Traktoren herum, die per Sensor entscheiden, wo gesprüht werden muss und wo nicht. Ein einzelner Bauer kann so ein Megafeld gar nicht mehr überblicken.

Wenn ich meine Schwiegereltern besuche und wir beim Familienspaziergang durch die norddeutsche Tiefebene streifen, rennen wir regelmäßig vor den Sprühorgien der Landmaschinen davon. Wer je so eine Pestizidwolke gesehen hat, kann sich leicht ausrechnen, welchen Vorteil ein Roboter bringt, der Gift stattdessen in Parfumdosen versprizt. Genau das ist die Hoffnung: dass wir durch die Präzisionslandwirtschaft wegkommen vom »Immer mehr«, das unseren Planeten zerstört. Stattdessen sollen Dünger, Herbizide und Pestizide nur noch da ausgebracht werden, wo sie wirklich gebraucht werden, nach dem Motto: das Richtige am richtigen Ort zur richtigen Zeit.

Das reduziert nicht nur den Input, sondern steigert sogar

den Ertrag sowie den Nährstoffgehalt der Pflanzen und hält dabei noch den Boden gesund – so lautet zumindest die Theorie, die Studien allerdings noch beweisen müssen. In den Niederlanden zum Beispiel wurde ein Spinatfeld vier Jahre lang mit Präzisionsmethoden bewirtschaftet, die Bodenbearbeitung erfolgte nicht auf Sicht, sondern automatisch mit GPS. Das Ergebnis: Der Spinat auf dem Präzisionsfeld setzte Nährstoffe viel besser um als auf dem Testgelände daneben, obwohl es zwei Drittel weniger Dünger abbekam. Und weil die Traktoren dank GPS jedes Jahr auf denselben Spuren entlangfuhren, verbesserte sich die Bodenqualität – und am Ende auch die Ernte.

Zur Präzisionslandwirtschaft gehören nicht nur die Roboter und Landmaschinen selbst. Drohnen und Satelliten blicken von oben auf die Felder und können durch Spektralanalyse erkennen, welche Biomasse die Pflanzen produzieren, wie viel Chlorophyll sie enthalten und ob sie unter Stickstoffmangel leiden. Sensoren im Boden messen, ob er zu dicht ist oder noch gut Luft durchlässt, wie viel Ammoniak, Kalium oder Stickstoff darin vorkommen und wie hoch der pH-Wert ist.

Präzisionslandwirtschaft gibt uns Augen und Ohren in der Natur, wo wir sonst keine hätten. Sie überzieht den Acker mit einem Netz aus Parametern und verwandelt ihn in eine gut geölte Maschine. Aus all den Datenpunkten lassen sich Vorhersagen über Ernten machen. Wie ein Wetterbericht fürs Feld, mit dem sich Bauern vorbereiten und Maßnahmen treffen können. Sie müssen dabei nicht mal mehr selbst entscheiden, welche das sein sollen: Künstliche Intelligenzen werden darauf trainiert, genau zu berechnen, was die Pflanzen zu welchem Zeitpunkt brauchen. Sie sollen den Robotern auch eine Schwarmintelligenz verleihen, sodasss sich diese autonom auf dem Feld bewegen können. So bräuchte man nicht einmal mehr den Bauer.

Dass künstliche Intelligenz Entscheidungen für den Menschen trifft, mag ein gruseliger Gedanke sein. Aber schließlich sind die Probleme, die aus der Intensivlandwirtschaft entstehen, genau das: schlechtes Management. Die Lebensmittelindustrie hat viel zu lange allein auf Erträge geschielt und die wahren Kosten nicht mit eingerechnet – Ressourcen wie Wasser, gesunde Böden oder Wälder, die eben nicht unendlich verfügbar sind. Und die allen Menschen gehören, nicht nur ein paar Bossen.

Die Frage ist, ob Präzisionslandwirtschaft wirklich dazu führt, dass wir besser mit diesen Ressourcen umgehen und weniger Input nutzen. Bei einer Studie auf einem Reisfeld brachte das präzise Düngen deutlich mehr Ernte und verpasste den Körnern einen idealen Nährstoffgehalt. Stickstoff landete dabei statt pauschal mit den üblichen 36 Kilogramm pro Hektar flexibel und angepasst in Mengen zwischen 16 und 63 Kilogramm auf dem Boden – eben da, wo ihn die Pflanzen gerade nötig hatten. Allerdings verbrauchte das Feld auf diese Weise insgesamt 17 Prozent mehr Dünger als ohne Präzisionsmethoden.

What? Das widerspricht doch dem, was Sie gerade ein paar Zeilen weiter oben gelesen haben! Ja, denn Einzelstudien untersuchen eben immer nur den Einzelfall, und spezielle Umstände können verwirrende Ergebnisse bringen. Diese Beispielstudie soll zeigen: Precision Farming kann die Umwelt schonen – oder sie kann einfach nur ein »Weiter so!« mit neuen Maschinen bedeuten. Was von beidem am Ende herauskommt, liegt daran, wie wir Präzisionsmethoden einsetzen. Denn schließlich haben wir neue Technologien bisher immer so genutzt: Wir tun mehr hinein, um mehr herauszuholen – und kümmern uns nicht um die wahren Kosten für Mensch und Planeten. Auch die schlaueste Maschine handelt dumm, wenn sie falsche Vorgaben bekommt.

Neue Technologien sind außerdem teuer. Natürlich haben Megakonzerne am meisten Geld für Entwicklung und Patente. Und der Big-Food-Komplex hat sich bisher wenig darum geschert, wenn Kleinbauern in der Schuldenfalle hängen, weil sie die Samen, Dünger und Pestizide der Nahrungsmittelkonzerne einkaufen müssen, und auch nicht, wenn Regenwald abgeholzt wird und Böden auslaugen. Kritiker der Präzisionslandwirtschaft befürchten deshalb, das Wettrennen um leistungsfähige Sorten, bessere Agrochemie und smarte Roboter könnte die bestehenden Probleme sogar noch verschärfen und die Mächtigen noch mächtiger machen.

Die Optimisten sehen das ganz anders.

Sie sind überzeugt, dass die Technologie kleinen Farmern, die für die Welternährung unverzichtbar sind, die Möglichkeit gibt, sich von den Konzernen unabhängig zu machen. Zum Beispiel, indem sie eigene Handelsbörsen aufbauen oder Direktkunden finden, wo bisher der globale Markt diktierte, welche *cash crops* wo angebaut werden. Wenn sie weniger Dünger und Pestizide benötigen, zahlen sie weniger in die Taschen der Agrarindustrie. Roboter können Arbeitskräftemangel ausgleichen und den Lebensstil der Kleinbauern vor allem in Schwellenländern erhalten, in denen die nächste Generation gerade in die Städte abwandert. Die Wissenschaft, die sich selbst teils aus öffentlichen Geldern finanziert, kann ärmeren Ländern Patente auf neue Sorten und Geräte kostenlos zur Verfügung stellen. Einfache Agrardrohnen zum Beispiel könnten von den Farmern selbst gebaut werden, die Pläne dazu findet man bereits im Internet.

All das muss nicht passieren. Aber es kann. Wenn wir uns dafür entscheiden.

Technikglaube und Zukunftsangst

Mit den Lösungen für eine bessere Ernährung ist es ein bisschen so wie mit dem Essen selbst: Jeder hat sein Lieblingsgericht und sehr genaue Vorstellungen davon, wie es zuzubereiten ist. Liest man ein Buch oder eine Studie über Insektenessen, denkt man leicht: Toll, her mit dem Maden-Müsli! Dasselbe gilt für Laborfleisch, Miniroboter und Genweizen, der sich selber düngt. Begeisterung steckt an, und die Vertreter von GVO oder Precision Farming bringen jede Menge davon mit. Es hört sich dann an, als könnte jede dieser Ideen die Welt retten. Im Alleingang. Aber das ist natürlich Quatsch.

Tatsächlich muss man für jede Methode prüfen, wann sie sinnvoll ist, und verschiedene Maßnahmen kombinieren. Dazu sollten wir uns vor allem fragen, was wir eigentlich erreichen wollen. Wie soll unsere Zukunft aussehen? So unsexy es im Vergleich zu Heilsversprechen wie »Im Einklang mit der

Natur leben« oder »Gesundes Essen für alle Menschen« auch klingen mag, ist das Ziel doch eigentlich klar: Wir wollen Produktivität ohne Kollateralschäden.

Eine Studie von 2021 hat für Kanada ausgerechnet, wie industrielle Landwirtschaft bei der Effizienz abschneidet. Mit dem klaren Ergebnis: gar nicht gut. Der Erntefaktor EROI (kurz für *Energy Returned on Energy Invested*) sei nämlich stetig schlechter geworden seit der Intensivierung der Landwirtschaft. Das bedeutet, die Kanadier mussten immer mehr und mehr Energie in die Landwirtschaft einbringen, in Form von Biomasse, Wasser, Chemie, Transport. Ja, die Ernten sind sagenhaft gewachsen – aber das konnte nicht ausgleichen, wie viel mehr in sie investiert werden musste.

Genau das ist der Vorwurf von Anhängern der ökologischen Landwirtschaft: dass Hochtechnologie und Präzisionslandwirtschaft nur darauf ausgerichtet sind, mehr Ertrag zu generieren, mehr Profit für die einzelnen Akteure herauszuschlagen – und das zu Lasten der Allgemeinheit. Deshalb lehnen sie beides ab. Sie wollen stattdessen altes Wissen wiederbeleben. Wissen darüber, wie wir von der Erde leben, ohne sie zu zerstören. Der Effizienzgedanke ist für sie die Wurzel allen Übels.

Das muss aber nicht so sein. Denn wie bei allen Erfindungen kommt es darauf an, was man daraus macht. Wofür und wie sie eingesetzt werden. Die Verführung ist sicherlich groß, den Weg des »Immer mehr«, den wir in der neolithischen Revolution eingeschlagen haben und auf dem wir seit der Industrialisierung regelrecht entlangspurten, einfach weiterzuverfolgen. Aber wer sagt, dass wir das müssen?

Tatsächlich widersprechen sich Ökolandbau und Massenproduktion, Biodünger und Düngeroboter überhaupt nicht – wenn wir vom Paradigma der Maximierung wegkommen und den Wert einer gesunden Erde mit einberechnen. Sensoren müssen ja nicht allein darauf ausgerichtet sein, die Erträge zu steigern. Sie können auch eingesetzt werden, um zum Beispiel die Biodiversität und die Bodengesundheit zu messen. Eine KI muss nicht die Entscheidung für mehr Ernte treffen, sie kann auch das Optimum zwischen Ertrag und Naturschutz ausrechnen. Minilandmaschinen könnten dafür sorgen, dass wir nicht mehr auf riesigen Feldern Monokulturen anbauen und mit Monstertrucks die Böden totverdichten. Sondern die Pflanzen so versorgen, dass wieder unterschiedliche Arten nebeneinander wachsen dürfen. Die Felder könnten kleiner und weniger geometrisch werden, sodass man Blühstreifen stehen lassen kann, die sonst von ausladenden Riesentraktoren niedergewalzt würden. Und schon jetzt spüren Drohnen Wespennester und Fledermauskolonien auf und helfen so agroökologischen Betrieben, ihre Farmen zu planen. Technik schließt umweltschonende Praktiken nicht aus, sondern kann sie im Gegenteil unterstützen. Wie eine ökologische Landwirtschaft und Nahrungsproduktion aussehen kann, werden wir uns im nächsten Kapitel anschauen.

Je spezialisierter Ackerbau und Viehwirtschaft geworden sind, desto weiter haben wir uns von den Grundprinzipien der Natur entfernt. Dabei verstehen wir sie heute besser als jemals zuvor: Wir können die Zusammensetzung des Bodens bis in seine Mikrobestandteile analysieren, die Wege des Wassers und der Nährstoffe nachvollziehen und in die Gene von Pflanzen und Tieren blicken. Wenn wir dieses Wissen zum Schutz der Erde anwenden, dann müssen wir uns nicht zwischen Effizienz und einer gesunden Natur entscheiden. Denn schließlich ernähren uns nicht Gentechnik oder Agrarroboter, sondern die Erde.

6

Ziemlich beste Freunde
Landwirtschaft und Natur

Läuft man in Wismar vom historischen Hafen stadtauswärts an den Hallen von ThyssenKrupp vorbei, entlang der 1960er-Jahre-Mietskasernen, an den verblassten Garagenblöcken vorüber und schließlich durch eine Schrebergartenanlage – dann landet man in einem Zauberwald.

Rechts liegt die Ostsee, so flach und türkis wie das Meer vor den Bahamas. Links wogen Weizen und Raps, so weit das Auge reicht. Dazwischen wandere ich durch einen schmalen Hain aus Buchen und Ahorn, dessen Ränder komplett zugewachsen sind. Als wollte die Natur mit aller Macht beweisen, was sie kann. Giersch, Franzosenkraut und Hirtentäschel wuchern hier so dicht, dass es an einen tropischen Regenwald erinnert. Der Löwenzahn reicht mir bis zum Oberschenkel, die Brennnesseln bis zur Schulter. Die fedrigen, weißen Blüten des Wiesenkerbels wippen bis über meinen Kopf. Ein Land für Riesen, wo alles doppelt so hoch wächst wie normal. Ich streiche über fingerdicke Stängel und staune mit großen Augen wie Harry Potter, der zum ersten Mal die Zauberschule besucht.

Um mir dieses Gefühl nicht gleich wieder vermiesen zu lassen, muss ich mich dumm stellen, denn schließlich weiß ich genau: Die Natur berauscht mich, weil sie auf Droge ist. Sie wächst hier so riesenhaft nicht trotz der Kulturlandschaft drum herum, sondern wegen ihr. Denn Grün ist nicht gleich Grün. Giersch, Wiesenkerbel und Hirtentäschel sind Zeigerpflanzen, die verraten, dass zu viel Stickstoffdünger im Boden lagert. Das Phänomen kenne ich seit meiner Kindheit: Damals überzog eine Invasion von Brennnesseln die Ufer der Saale in meiner Heimatstadt Jena. Wenn mein Hund darin verschwand, bangte ich jedes Mal, ob er von allein wieder aus diesem hautversengenden Dschungel herauskommen würde.

Der Osten war nämlich nicht grau und farblos – sondern oft ziemlich grün. Zu grün. An Jenas Saaleufern kann man heute picknicken und Flunkyball spielen, aber erst, seitdem nicht mehr so viel Dünger aus der Landwirtschaft in den Fluss schwappt wie noch in den 1980ern.

Obwohl es heute strengere Regeln gibt, pumpen wir Gesamtdeutschen immer noch zu viel davon auf unsere Felder. Erst kürzlich hat uns das Ärger mit der EU eingebracht, es drohte eine Milliardenstrafe. Die Bundesregierung konnte Brüssel erst in letzter Minute mit einer neuen Düngemittelverordnung besänftigen.

Es scheint, als gehörten Landwirtschaft und Umweltzerstörung unweigerlich zusammen. Besonders in Europa, wo die Fläche begrenzt ist und wir das Land schon seit Jahrtausenden zu Ackerbau und Viehzucht zwingen. Schließlich beginnt jedes Pflanzen erst mal mit der »Urbarmachung«: Alles, was stört und mit den Ackerfrüchten in Konkurrenz stehen könnte,

Landwirtschaft und Natur

wird herausgerissen. Der Boden wird umgegraben, bis zu einem halben Meter tief. Mais, Weizen und Kohl entziehen ihm Nährstoffe, und weil bei der intensiven Landwirtschaft kein Pflanzenrest auf dem Acker zurückbleibt, bekommt der Boden sie ohne Düngen auch nicht zurück. Die natürlichen Ressourcen Wasser, Licht und Nährstoffe serviert der Mensch in Portionen, die allein der Maximierung von Ertrag dienen. Überschuss braucht Ungleichgewicht. Natur dagegen will sich ausbalancieren.

Trotzdem müssen Landwirtschaft und Natur keine Feinde sein. Clever angepflanzt, können Nutz- und Wildpflanzen sich sogar gegenseitig helfen. Die traditionelle Landwirtschaft wusste vieles, was in indigenen Kulturen weiterlebt, die Industrialisierung aber vergessen hat. Einige Fachleute sind dabei, dieses verschüttete Know-how wieder auszugraben. Andere entwickeln ganz neue Methoden, wie sich das Gleichgewicht ein bisschen zu unseren Gunsten kippen lässt, ohne die Erde dafür auszubeuten. Kluge Landwirtschaft kann gleichzeitig das Klima schonen, die Artenvielfalt schützen und dabei die Menschen ernähren. Dann müssten wir auch nicht um das Wertvollste fürchten, was wir auf der Erde haben: nämlich Erde.

Sie umgibt den Planeten in einer feinen Schicht, oft nur wenige Zentimeter dünn. Und selbst dort, wo sie sich meterhoch auf totes Gestein gelegt hat, ist sie im Vergleich zu den 6370 Kilometern bis zum Mittelpunkt der Erde nur ein Hauch von Nichts. Und doch ernährt diese magere Kruste die gesamte Menschheit. Von den frühen Jägern und Sammlerinnen über die ersten Bauern bis hin zu den Digital Natives hat sich an der totalen Abhängigkeit von der Erde wenig geändert; bis heute wächst und wohnt über 90 Prozent unserer Nahrung an Land. Boden ist ein Wunderwesen, ohne das es uns nicht gäbe.

Die Erde lebt

Wenn Sie das nächste Mal draußen in der Natur sind, schauen Sie einmal runter zu Ihren Füßen. Was sehen Sie? Liegt die Erde nackt da, oder verhüllt sie sich mit Moos? Ist sie sandig gelb oder schwarz und schwer? Gibt sie unter Ihren Füßen nach, oder ist sie hart wie Stein? Wie riecht sie, wie fühlt sie sich an?

Würde ein außerirdischer Beobachter sehen, wie Erdlinge ihre Erde traktieren, würde er vielleicht nach Hause funken: Verwirrend widersprüchlich sind die Menschen. Sie beten Mutter Erde an, betten sich in ihr zur letzten Ruhe und haben sogar ihren Planeten nach ihr benannt. Gleichzeitig versalzen und vergiften sie die Erde, lassen sie verwehen und wegspülen. Sie treten ihre Lebensgrundlage mit Füßen.

Allein in Deutschland gibt es 56 verschiedene Bodentypen, von der Marsch an den Küsten über das feuchte Gley der Norddeutschen Tiefebene und der fruchtbaren Schwarzerde des Thüringer Beckens bis zur Parabraunerde Bayerns, in deren kalkhaltigem Gekrümel Pflanzen so gut Wurzeln schlagen. Aber wer weiß das schon?

Noch weniger als den Boden nehmen wir wahr, was in ihm steckt. »Die Erde lebt« ist keine Metapher, sondern eine Untertreibung. In einer einzigen Handvoll gesunden Bodens tummeln sich mehr Organismen, als es Menschen auf der ganzen Erde gibt. Viele Millionen Bakterien, Pilze, Einzeller, Fadenwürmer und Algen sind darunter, aber auch einige größere Lebewesen wie Regenwürmer, Schnecken, Spinnen, Asseln, Tausendfüßer, Käfer oder Larven. Und natürlich wohnt im Boden auch die Megafauna des Untergrundes, Wirbeltiere wie Wühlmaus oder Maulwurf.

Die obere Kruste unserer Erde wimmelt von Leben, weil sie einen wunderbaren Raum dafür abgibt: Sie schenkt Wurzeln Halt und Ein- und Mehrzellern Oberfläche, auf der sie andocken können. Sie speichert Wasser, Nährstoffe, Sauerstoff, Kohlenstoff und alles andere, was sich ein Organismus wünschen kann. Der Duft von Erde hat sogar einen eigenen Namen: Petrichor, den wir besonders intensiv nach einem Regenguss im Sommer wahrnehmen, wenn es lange trocken war. Der Geruch stammt von Pflanzenölen und Geosmin, einem alkoholischen Stoff, den Bakterien im Boden produzieren. Der Mensch kann selbst winzige Dosen davon erschnüffeln. Möglicherweise hat das evolutionäre Gründe: Wo man Petrichor riecht, ist der Boden gesund, da wächst was, und wo etwas wächst, da finden wir Essen.

Böden liegen auch nicht einfach so rum, sie sind ständig in Bewegung. Nicht nur geologische Kräfte und Wind und Wetter sind dafür verantwortlich, sondern auch das Edaphon. So heißt die Gesamtheit der Lebewesen im Boden. Regenwürmer, Asseln, Käfer, Spinnen und Mäuse wühlen ständig alles um, Pflanzenwurzeln schieben sich hindurch, Algen und Flechten machen sich breit, Amöben, Wimpertierchen, Bakterien und Pilze vollbringen ihr biochemisches Zauberwerk, verwandeln, verweben, vernetzen und recyceln alles in einem endlosen Kreislauf. Im Boden verwandelt sich Lebloses in Lebendiges.

Wie diese Welt unter unseren Füßen funktioniert, beginnen wir erst zu verstehen. 2016 hat ein Verbund aus Wissenschaft und EU-Kommission zum ersten Mal überhaupt versucht, mit dem *Global Soil Biodiversity Atlas* eine Übersicht über das Leben unter der Erde zu erstellen. So viel wissen wir: Pflanzen stellen oberirdisch durch Fotosynthese Kohlenhydratverbindungen her und pumpen sie in den Boden. Dort warten Bakterien nur darauf, die genauso zuckersüchtig sind wie wir Menschen. Sie liefern den Pflanzenwurzeln im Gegenzug Nährstoffe. Bisher hat sich die Wissenschaft vor allem auf die Bakterien konzentriert. Aber noch wichtiger könnten Mykorrhiza-Pilze sein: Deren Fasern weben sich in Pflanzenwurzeln ein und bilden ein Geflecht, das beiden nützt. Auch den Pilzen liefern die Pflanzen Zucker, die dafür Wasser, Mineralien, Stickstoff und Phosphor in einer Form bereitstellen, die von der Pflanze aufgenommen werden kann.

Der Boden ist geradezu durchsetzt von Mykorrhizen: In einem Teelöffel gesunder Erde kann ein Kilometer Pilzfäden sprießen. Unterirdische Helfer wie sie unterstützen Pflanzen bei der Abwehr von Krankheiten und Fressfeinden, indem sie schützende Stoffe produzieren. Ganz ähnlich, wie das Mikrobiom in unserem Darm uns gesund hält und bestenfalls glücklich fühlen lässt. Es klingt fast mehr nach Esoterik als nach Wissenschaft, wenn Forschende herauszufinden versuchen, ob und wie Pflanzen über dieses Netzwerk miteinander kommunizieren, wie alle miteinander verbunden sind. Vielleicht sollten wir einen Wald und eine Wiese nicht als bloße Ansammlung von einzelnen Bäumen oder Gräsern betrachten, sondern eher als ein einziges Megalebewesen?

Dank der Gemeinschaft der Organismen kann der Boden Aufgaben übernehmen, die überlebenswichtig für den Planeten sind: Er bindet Kohlenstoff, filtert Wasser, speichert Stickstoff und hält den ewigen Kreislauf von Nährstoffen, Materie und Energie am Laufen. Böden sind unsere Vorratskammer und geben uns Trinkwasser. Sie halten den Planeten im wahrsten Sinne des Wortes zusammen.

Und dann kommt der Mensch und gräbt genau dieses Wunderwerk um, stellt die über Millionen Jahre eingespielten Stoffkreisläufe auf den Kopf – macht also das, was wir Landwirtschaft nennen. Seit der Erfindung des Ackerbaus vor mindestens 10 000 Jahren greift er in den Bodenhaushalt ein. Mit der Industrialisierung der Landwirtschaft und der grünen Revolution haben wir dem Boden dann den Rest gegeben: Hochwirksame Chemikalien bringen das Nahrungsnetz durcheinander (allein in Deutschland lagern 36 000 Tonnen davon im Ackerland), wodurch die Pflanzen anfälliger für Krankheiten und Schädlinge werden. Gifte und Nährstoffüberschüsse werden von Wind und Wasser überall verteilt. Die Erde wird hier umgepflügt und aufgebrochen und dort von schweren Landmaschinen verdichtet. Sie kann das Wasser nicht mehr halten und ihren kleinen Bewohnern keine gesunde Umgebung mehr bieten, denn die Stoffkreisläufe geraten durcheinander. Der Boden speichert dann auch weniger Kohlenstoff und kann uns nicht länger vor dem Klimawandel schützen.

Ist die wertvolle Kruste einmal zerstört, wird sie einfach weggeschwemmt oder weggepustet. Ein Zentimeter fruchtbarer Boden braucht 100 Jahre, um zu entstehen. Wenn er überhaupt nachwächst. Auf Feldern, die intensiv beackert werden, verlieren wir zurzeit mehr Humus, als sich nachbilden kann. Die lebendige, nährende Schicht um unseren Planeten wird immer dünner. Wer die Erde retten will, muss also unten anfangen. Im Boden, bei der Landwirtschaft.

Bio heißt nicht öko

Geht man die Regale in einem Supermarkt ab, kann man erkennen, wer in der Umgebung wohnt. Beziehungsweise, was die Ladenbesitzer so über die Leute denken, die bei ihnen einkaufen – denn entsprechend richten sie ihr Sortiment aus. Ich bin anscheinend ein traditionsbewusster Mensch. Oder Hipster, mit Vorliebe für ständig neue Future Foods aus Biosoja oder Kunstproteinen aus dem Labor. Jedenfalls, wenn man nach den Produkten im Supermarkt bei mir im Neubaublock geht, gleich hinter Hamburgs Hauptbahnhof.

Im Regal wirbt die Marken-Milchflasche mit einem Holztrog zwischen Gänseblümchen, auf der Cornflakes-Packung kräht ein Hahn. Die »Hähnchen Filetstreifen Klassik« tragen strohgedeckte Bauernhäuschen im Logo, der »traditionelle Schweinebraten« ein dickes rosa Schwein. In Wahrheit aber stammt die Milch von Kühen, die nie ein Gänseblümchen gesehen, und der Mais von Monokulturen, auf denen Hähne nichts zu suchen haben. Die Filetstreifen sind an fetten Hähnchenbrüsten in lichtlosen Riesenställen gewachsen, und dem Mastschwein wurde der lustige Ringelschwanz wahrscheinlich ein paar Tage nach der Geburt abgeschnitten. Und der Schnittlauch, der auf der Frischkäseverpackung wie frisch hingestreut aussieht, ist in Wirklichkeit eine »Schnittlauchzubereitung« aus eingefärbten Pflanzenfasern.

Wenige Kunden dürften so naiv sein zu glauben, was die Verpackungsbilder ihnen weismachen wollen. Die meisten Deutschen wissen ganz gut, wie Massentierhaltung und industrieller Ackerbau in Wirklichkeit aussehen. Trotzdem versuchen die Konzerne, die Illusion aufrechtzuerhalten, indem sie potemkinsche Höfe auf ihre Produkte malen.

Aber ich habe ja die Wahl – also weiter zu den Regalen mit den Bioprodukten. Deren Design ist reduziert, die Farben maximal pastellrosa oder lindgrün, was wohl ländliche Einfachheit und gesunde Selbstbeherrschung ausdrücken soll. Daneben liegen die vegetarischen und veganen Future Foods, von denen gefühlt jede Woche ein paar neue auftauchen. Die sind ebenso pastellfarben und tragen außerdem witzige Namen wie »Beflügel Nuggets« und »Räucherlaxx«. Haha, wie cool.

Für die Discounter-Produkte muss ich mich zu den untersten Regalreihen runterbücken. Deren Verpackungen sehen ein bisschen altmodisch aus, als hätte der Hersteller sogar an der Farbe gespart, um den Preis zu drücken. Ein Trick. Blasses Blau ist natürlich nicht billiger als Königsblau. Wirkt aber so und lockt deshalb Schnäppchenjäger an. Aber was ist in einem Supermarkt schon wahr? Schließlich kommen die billigen No-Name-Produkte oft aus derselben Fabrik wie die edleren Markenartikel. Ein Produkt, zwei Designs, zwei Preise.

Es ist klar, was der Supermarkt von mir will: Ich soll mich entscheiden, ob ich mich als konventionell, bio oder preisbewusst identifiziere. Bio ist in diesem Spiel des Marketings, das die Industrialisierung perfektioniert hat, keine Ausnahme mehr. Es ist ein lukratives Geschäft geworden, weil Käufer immer häufiger hinterfragen, woher ihre Lebensmittel kommen. Die Produzenten wissen das und rechnen damit. So bieten oft gerade die großen Konzerne mittlerweile auch ökologische Lebensmittel an. Bio ist der Markt der Zukunft.

Etwa 14 Prozent der deutschen Landbetriebe produzieren inzwischen nach dem EU-Bio-Standard. Es gibt noch viele andere Labels, aber dieses ist am weitesten verbreitet. Weltweit unterscheidet sich, was als Biolandwirtschaft gilt und was nicht, je nach Land und Ware. Aber die Prinzipien ähneln sich. Biobäuerinnen und -bauern setzen keinen oder weniger von dem mineralischen Industriedünger ein, den Fritz Haber und Carl Bosch einst erfunden haben. Pestizide und Herbizide dürfen sie nur im Ausnahmefall verwenden. Stattdessen benutzen sie zum Beispiel Baculoviren gegen den Apfelwickler oder das Toxin des Bakteriums *Bacillus thuringiensis*, das gegen Frostspanner, Maiszünsler, Kartoffelkäfer und andere Schädlinge hilft. Oder sie spritzen Pheromone. Diese Sexuallockstoffe verwirren Insekten, damit sie keine Partner mehr finden – und sich nicht weiter vermehren können. Oder sie setzen Nützlinge aus, die schädliche Vielfraße einfach verputzen, etwa Marienkäfer, die Blattläuse fressen. Solche Helferlein kann man im Fachhandel bestellen.

Die Vorteile all dieser Maßnahmen sind messbar. Weil ohne Herbizide mehr Pflanzen auf den Feldern blühen, leben auf Biofeldern sieben- bis zehnmal mehr Bienen. Damit kommen auch die Vögel zurück, von denen viele Insekten picken. Rebhühner und Braunkehlchen, aber auch Feldlerchen und Kiebitze, die besonders unter der industriellen Landwirtschaft gelitten haben. Dasselbe gilt für Regenwürmer. Eine Studie zählte im Biolandbau 174 Stück im Schnitt auf einem Quadratmeter – gegenüber 21 in konventionell bewirtschafteten Böden. Bioböden enthalten mehr organisches Material und halten besser Wasser und Stickstoff zurück, sie sind dicker, gesünder und erodieren weniger. Sie helfen auch dem Klima: Sie speichern im Schnitt etwa 400 Kilogramm Kohlenstoff pro Hektar und Jahr, während die Böden der konventionellen Landwirtschaft sogar welchen ausstoßen können. Nachhaltige Landwirtschaft spart außerdem viel Energie, die man sonst für die Herstellung von synthetischen Dünge- und Pflanzenschutzmitteln braucht. Der ökologische Fußabdruck schrumpft. Das gilt zwar nicht für alle Produkte, bei Karotten und Tomaten etwa fällt der Vergleich weniger positiv aus, aber generell ist unumstritten, dass der Biolandbau besser fürs Klima, die Böden und die Artenvielfalt ist.

Aber nicht alles ist grün in der grünen Landwirtschaft. Auch sie wirtschaftet oft auf Monokulturen und versprüht Gülle. Und wenn anstelle von Pestiziden Kupfer verspritzt wird, um Äpfel und Birnen vor Schorf und Kartoffeln vor Kraut- und Knollenfäule zu schützen, kann auch dadurch das Edaphon geschädigt werden. Bio bedeutet auch nur etwas mehr Tierwohl, zum Beispiel dürfen auf einem Quadratmeter Fläche immer noch sechs Hühner gehalten werden. Also viel zu viele.

Der Bio-Standard hat unbestreitbar große Vorteile – aber viele Fachleute sagen heute, dass er nicht ausreichen kann, um unsere Ernährung umweltfreundlich zu machen. Das schaffen wir nur, wenn wir nicht bloß auf die landwirtschaftliche Benutzeroberfläche schauen und den giftigen Input reduzieren. Wir müssen noch tiefer gehen. Rein in den Boden.

**Bewahren statt ausbeuten:
Boden braucht Ruhe**

Edward H. Faulkner war kein besonders umgänglicher Mann und ganz sicher niemand, der leicht aufgab. Vielleicht hatte er seine Hartnäckigkeit auf der Farm in Kentucky gelernt, auf der er aufgewachsen war. Vielleicht war er auch erst später so zäh geworden, als er in den 1930ern im Auftrag der Behörden durch Ohio und Kentucky reiste, um Bauern zu beraten und auszubilden. In dieser Zeit erfuhr er hautnah, was die industrielle Landwirtschaft in den Weiten der USA anrichtete: Man brach die Erde auf und zog alles aus ihr heraus, bis sie starb und nichts mehr hergab. Millionen Farmer verloren ihr Land und mussten als verarmte Wanderarbeiter übers Land ziehen.

Wahrscheinlich erlebte Faulkner auch die großen Staubstürme mit, die Agrarstaaten wie Oklahoma und Kansas von Kornkammern in Dust Bowls verwandelten, wie in Kapitel 4 beschrieben. Der Wind wirbelte den toten Boden auf und deckte die Häuser der Menschen regelrecht damit zu. Diese »Schwarzen Blizzards« sahen aus wie die Wolken einer Explosion und rollten über das Land, manchmal merkte man ihren Dunst noch an der Ostküste in New York oder Washington. Faulkner kannte die verheerenden Folgen der Landwirtschaft also aus erster Hand, und er präsentierte einen Ausweg: No-till, kein Pflügen.

Wie bitte? Ackern ohne Pflug? Wenn nach 10 000 Jahren Landwirtschaftsgeschichte plötzlich ein Beamter um die Ecke kommt und behauptet, die vielen Millionen Bauern hätten keine Ahnung, wie man den Boden richtig beackert, dann, nun ja, wird er nicht unbedingt auf jedem Hof gleich zum Abendessen eingeladen. Kein Wunder, dass Faulkner seinen Job als Agrar-Agent verlor. Auch Verleger und Investoren verwiesen den knorrigen Kauz mit den stechend blauen Augen von ihrer Türschwelle. Aber Faulkner blieb stur, und 1943 wurde sein Buch *Plowman's Folly* (auf Deutsch etwa »Die Torheit des Pflügers«) veröffentlicht – und der verschrobene Sonderling mit dem experimentellen Garten in Elyria, Ohio, wurde über Nacht zum Star. Zumindest für eine Weile.

Auch wenn Faulkner heute fast vergessen ist, seine Ideen haben überdauert. Sie sind die Grundlage für das, was wir heute konservierende Landwirtschaft nennen. Die beruht auf einem sehr simplen Prinzip: den Boden so wenig zu stören wie möglich.

In der Natur wird Boden so gut wie nie umgewälzt, außer es kommt zu einem Erdrutsch, oder eine Horde Wildschweine wühlt darin nach Futter. Er ist auch nie nackt: Altes Laub und umgeknickte Halme lagern darauf, Moos, Efeu und andere Bodendecker überwuchern ihn. Diese einfachen Beobachtungen nimmt sich die konservierende Landwirtschaft zum Vorbild. Denn sie weiß: Ein unbedeckter Boden gleicht einem Körper ohne schützende Haut.

Bauern, die konservierend wirtschaften, lassen die Pflanzenreste nach der Ernte stehen. Sie pflügen sie aber auch nicht unter oder brennen sie ab. Stattdessen ziehen sie auf den verrottenden Resten Zwischenfrüchte, etwa Ölrettich oder Hülsenfrüchte, die auf natürliche Weise den Stickstoffgehalt im Boden erhöhen. Im Frühjahr werden diese Zwischenfrüchte zusammen mit allem Unkraut abgehackt, und es ist Zeit für die Direktsaat: Statt den gesamten Acker umzugraben, ziehen Spezialmaschinen wenige Zentimeter tiefe Furchen in die Decke aus organischem Material, in denen die Samen der Hauptfrucht landen. Dazwischen pflanzen die Bauern sogenannte Untersaaten, die Unkraut verdrängen und keine Lücken auf dem Ackerboden entstehen lassen. Insekten und Vögel naschen von diesem zusätzlichen Nahrungsangebot, und auch die Pflanzen selbst können profitieren: Weidelgras zum Beispiel, das mit Mais zusammen gepflanzt wird, steht nicht mit ihm in Konkurrenz, sondern fördert sogar dessen Wachstum.

Auf diese Weise ist das Feld niemals blank, sondern ständig bewachsen oder bedeckt. Weil oben immer Fotosynthese stattfindet oder etwas zum Zersetzen da ist, kommt unten stets was zu essen an. Das Edaphon im Boden bleibt also die ganze Zeit versorgt und intakt. Denn ähnlich wie die Tiere im Regenwald leben die unterirdischen Organismen auf unterschiedlichen Räumen. Das Bodenbiom hat eine natürliche Ordnung, die beim Pflügen auf den Kopf gestellt wird. Das ist so, als würden sich die Affen im Regenwald plötzlich auf dem Boden und die Wasserschweine in den Baumwipfeln wiederfinden. Das funktioniert nicht. In der Erde ist es nicht viel anders. Jedes Wesen hat seinen Platz und braucht Platz. Seinen eigenen, nicht irgendeinen. Wird der Boden nicht aufgebrochen, ist er besser isoliert, wenn der Frost in ihn hineinfährt oder im Spätsommer nach der Ernte die Sonne auf ihn niederbrennt. Er speichert viel besser Wasser und wird nicht so leicht von Regenfluten oder Windböen davongetragen.

Für Faulkner war der Pflug die dümmste Erfindung in der Geschichte der Menschheit, für deren Nutzen es niemals einen wissenschaftlichen Beweis gegeben habe. Die Zahlen, die wir heute aus der konservierenden Landwirtschaft kennen, geben ihm weitgehend recht. Auf solchen Böden wurzeln Ackerpflanzen plötzlich bis zu vier Meter tief statt nur die üblichen 30 Zentimeter bis zur Pflugsohle. Sie kommen so viel besser an Wasser und Nährstoffe.

Wenn der Bauer nicht pflügt, muss er viel seltener mit schweren Landmaschinen auf den Acker, was die Hälfte der Arbeitskraft und 65 Prozent an Sprit spart. Am Anfang müssen Farmer zwar sogar mehr Dünger, Pestizide und Herbizide aufwenden – aber hat sich das Team aus Hauptpflanzen, Zwischenfrüchten und Untersaaten nach einigen Jahren eingespielt, braucht man viel weniger davon. Und die Erträge liegen gleichauf mit denen der konventionellen Landwirtschaft.

Tatsächlich wird No-till in einigen Teilen der Welt heute schon fast flächendeckend angewandt: In Brasilien und Argentinien zum Beispiel und in einigen US-Bundesstaaten, wo die Regierung manchmal nur dann Agrarsubventionen springen lässt, wenn die Farmer konservierende Methoden einsetzen. Die schonende Beackerung gedeiht also genau in den Ländern, wo die industrielle Landwirtschaft den Böden besonders zugesetzt hat. Die Farmer dort hatten schließlich keine andere Wahl mehr: umstellen oder den Betrieb einstellen. Aus Schaden wird man klug.

In Europa dagegen klammern sich die Bauern noch mit

aller Kraft an ihren Pflügen fest – weil sie sich Ackerbau ohne Pflug einfach nicht vorstellen können und es bisher keinen ausreichenden finanziellen Druck gibt, ihn loszulassen. Dabei funktioniert die konservierende Landwirtschaft ganz wunderbar für die Massenproduktion. Das ist eine Chance. Sie schließt Monokulturen, Pestizid- und Düngereinsatz nicht prinzipiell aus; ideologische und wirtschaftliche Vorbehalte, die viele Landwirte bisher davon abhalten, Biobauern zu werden, könnten dadurch ausgeräumt werden. Die Forschung geht davon aus, dass Europa allein durch konservierende Methoden 20 Prozent der Kohlenstoffeinsparungen erreichen könnte, die für den Klimaschutz beschlossen worden sind. Aber was wäre, wenn wir unsere Böden nicht nur vor dem Tod bewahren, sondern sie sogar wieder neu beleben könnten?

Die heilende Kraft der Erde:
Boden hilft sich selbst

»Die Natur weicht der Hacke, aber sie kommt stets zurück«, schrieb der römische Dichter Horaz. Gartenbesitzer werden bei diesem Satz vielleicht seufzen. Als ich in unserer verwilderten Gartenanlage den Rasen mähte, um wieder sowas wie eine begehbare Wiese daraus zu machen, breitete sich stattdessen Spitzwegerich aus, der die Grashalme unterdrückte. Ich rupfte ihn aus und verstreute Wiesenblumensamen, die sofort von den Vögeln aufgepickt werden. Ich erinnere mich an ein Anstarr-Duell zwischen einer Waldmaus und mir an der Türschwelle unserer Hütte. Die Maus wollte gern hinein, ich hätte sie lieber draußen gehabt, damit sie den viel zu festen, sandigen Boden umgrub. Ein Dilemma, Mensch gegen Natur. Aber ich hatte ja auch keine Ahnung.

Die Natur hat unglaubliche Kräfte: Wo ein Steinschlag die oberste Bodenschicht zerstört oder ein Vulkanausbruch das Land verbrennt und mit Asche überzieht, wachsen in kürzester Zeit wieder Flechten und Moose. Schon nach ein paar Jahren sieht dann fast alles wieder so aus wie vorher. Auch für gebleichte Korallenriffe, zerstörte Mangrovenwälder, vergiftete Flüsse und ölverschmierte Meere hat die Natur eigene Reinigungsmittel. Wir müssen sie nur lassen.

Genau das versucht die regenerative Landwirtschaft. Sie setzt nicht nur auf die Maximierung von Ernte und Gewinn, sondern berücksichtigt auch ökologische Werte. In jeder Ecke einer Farm beobachtet sie genau, wie sich die Gemeinschaft der Lebewesen zusammensetzt und was sich wo im Gleichklang pflanzen lässt. Agroökologie nennt man das, und sie kostet viel Arbeit. Aber dafür werden die hohen Kosten, die für die Reparatur von kaputter Natur aufgewendet werden müssen, minimiert. Denn wenn wir Grundwasser reinigen, Wälder aufforsten, Missernten und Waldbrände mit staatlichen Hilfen kompensieren, dann zahlen wir alle dafür mit unseren Steuergeldern. Sinnvoller wäre es, solche Schäden so weit wie möglich zu vermeiden. Dadurch wird Geld gespart, das den Bauern zugutekommen könnte. Und am Ende gewinnen alle.

Agroökologie will vor allem mehr Humus aufbauen, der auf unseren Feldern Mangelware geworden ist. Sein natürlicher Anteil im Boden lag in Europa früher bei fünf bis zehn Prozent, inzwischen ist er auf ein bis zwei Prozent geschrumpft.

Nur noch ein bisschen mehr, dann entspricht er dem, was die Weltgesundheitsorganisation als »Wüstenboden« bezeichnet. Die regenerative Landwirtschaft bringt Humus zurück, der vor allem aus organischen Resten besteht, zur Hälfte aus Kohlenstoff. Sie schafft das durch No-Till und Direktsaat und indem sie noch stärker auf die Pflanzengemeinschaften blickt: Mit Fruchtfolgen und Mischkulturen entsteht ein lebendiges Treiben auf dem Feld. Mehr als 15 verschiedene Pflanzenarten über drei Jahre, so empfehlen einige Fachleute. Sie wachsen in unterschiedlichen Tiefen, nutzen also Wasser- und Nährstoffvorräte optimal aus. Gleichzeitig versorgen unterschiedliche Pflanzen den Boden zu jeder Zeit mit einem vielfältigen Angebot an Energie. Man muss nur wissen, was man gemeinsam wachsen lässt, damit sich die Pflanzen nicht gegenseitig die Ressourcen abgraben. Die Erbse liebt zum Beispiel Leindotter und Hafer. Dann können sich die Pflanzen mit den Stoffen, die sie produzieren, gegenseitig helfen. In so einem gesunden Ökosystem halten sich Schädlinge und Nützlinge fast von allein in Schach. Es ist auch viel resilienter gegen lange Dürrezeiten oder Überschwemmungen – eine Eigenschaft, die im Klimawandel immer wichtiger wird. Wenn wir wieder mehr unterschiedliche Lebensmittel anbauen, profitiert auch unser Körper: Denn dann wird das Ernährungsangebot vielfältiger, das in der Industrialisierung auf die wenigen *cash crops* zusammengeschrumpft ist.

Was regenerative Höfe außerdem von konventionellen und konservierenden Farmen unterscheidet: Sie schaffen bewusst Räume, in denen die Natur frei walten darf. Ein regenerativer Bauer wird Blühstreifen stehen lassen und die Stelle nicht bepflanzen oder beweiden, wo sich eine seltene Bienenart oder Fledermauskolonie niedergelassen hat. Und das nicht nur am Feldrand, sondern auf großen Feldern auch mal in der Mitte, weil Insekten nur eine begrenzte Reichweite haben. Er wählt mehrjährige Pflanzen und legt die Blühstreifen nach Möglichkeit quer zur vorherrschenden Windrichtung an, um Erosion zu vermeiden.

Wie man Natur und Bewirtschaftung in Einklang bringt, muss man aber erst mal wissen. Vorbilder finden Farmer bei indigenen Gemeinschaften, die das natürliche Gleichgewicht vielleicht besser verstanden haben als die frühen Siedler in Europa und dem Nahen Osten, wo von der ersten Metropole Uruk nur Wüste übrig blieb. In Amerika, Afrika und Asien sind die alten Praktiken noch nicht überall verschwunden. Dort haben viele Bauern nicht mal Bäume gefällt, um Felder anzulegen – sie haben einfach drum herum gesät. Im Norden Äthiopiens bestellen traditionelle Bauern ihre Felder seit 7000 Jahren im Schatten von Akazien, um sie vor der Sonne zu schützen. In Agroforsten auf den Philippinen wachsen Reis, Kaffee und Erdnüsse unter Mango- und Santolbäumen, nacheinander oder gemeinsam. Das eine wird gepflanzt, während sich das andere noch auf dem Feld etabliert. Die First Nations in Nordamerika säen die »Drei Schwestern« immer zusammen aus: Mais, Bohne und Kürbis. Die Bohne klettert am Maisstängel nach oben und bekommt so mehr Sonne ab. Der Kürbis zu ihren Füßen verdrängt Unkraut. Und unsichtbar im Boden leistet auch die Bohne ihren Beitrag. Sie gehört zu den wenigen Pflanzen, die Stickstoff aus der Luft aufnehmen können. Mithilfe von Bakterien an ihren Wurzeln verwandelt sie den

Stickstoff so, dass Mais und Kürbis immer genug zu essen haben. Wo die »Drei Schwestern« zusammen gedeihen, werden sie immer mehr Früchte tragen, als es eine allein vermocht hätte.

Früher waren Bauern, die auf Pflanzen starren, die einzige Möglichkeit, mehr über Anbau und Wachstum zu lernen. Das ist eine langsame und fehleranfällige Lernmethode, im Laufe von ein paar Tausend Jahren wächst der Baum der Erkenntnis aber dennoch ein ganzes Stück in die Höhe. Indigene haben verschiedene Pflanzensamen gemeinsam in den Boden gesteckt, die Sukzession des Waldes beobachtet und sich gemerkt, welche wilden und kultivierten Pflanzen am besten zusammen gedeihen. Sie teilen sich das Feld-Management mit der Natur. In Europa entdecken wir gerade neu, was wir früher schon einmal wussten, und lassen etwa Schweine in Wäldern weiden wie in vorindustriellen Zeiten.

Aber nicht alle Methoden sind alt; die moderne Wissenschaft hilft dabei, auch ganz neue zu entwickeln. Der australische Ingenieur Percival Alfred Yeomans etwa hat sich in den 1950ern gefragt, wie er den raren Regen auf seiner Farm in den Hügeln von New South Wales halten könnte. Er identifizierte *keypoints*, wo der Boden das Nass am besten speichern kann, und *keylines*, auf denen es geologisch entlangfließt. Diese Schlüssellinien lockerte er auf und hob den Boden in 20 bis 30 Zentimetern Tiefe etwas an. Die Pflanzen freuten sich, bildeten tiefere Wurzeln und kamen so besser an Nährstoffe und Wasser. Mit seinen regenerativen Methoden schaffte es Yeomans sogar, dass sein Boden pro Jahr gleich mehrere Zentimeter wuchs – wo doch die Natur selbst in der Regel nur einen

Zentimeter alle hundert Jahre schafft. Sein Verfahren ist heute als Keyline-Design bekannt.

Wie erfolgreich man der Erde unter die Krume greifen kann, zeigt das Beispiel der Alexandre Family Farm im Norden Kaliforniens. 2021 ist sie als erster Milchviehbetrieb in den USA als regenerativ zertifiziert worden. Die Alexandres, ein Farmerpärchen, haben mehr als drei Jahrzehnte gebraucht, um auf regenerative Landwirtschaft umzustellen. Sie haben die Feuchtgebiete auf ihrer Farm renaturiert und Wildarten wachsen lassen. Für das Futter der Kühe, das sie selbst anbauen, verwenden sie keinen Dünger, sondern Kompost und Nährstoffwasser – das sie nach einer eigenen Rezeptur aus dem Dung der Kühe in einer Anlage herstellen, die sie selbst entworfen haben. Im Herbst pflügen sie ihre Felder nicht komplett um, sondern arbeiten den Kompost nur leicht ein, außerdem lassen sie die Wurzelmasse im Boden. Sowohl die Menge als auch die Qualität des Futters haben sich so verbessert. Und die Natur hat es den Alexandres gedankt: Eine Elchherde und 200 Vogelarten leben mit auf ihrer Farm, darunter sogar der bedrohte Weißkopfseeadler.

Vor allem aber beweisen die Alexandres, dass regenerative Milchwirtschaft nicht nur in der Nische funktioniert, sondern auch in industriellem Maßstab: mit 8000 Kühen auf 9000 Hektar. Achtmal so viele, wie in den größten deutschen Industrieställen stehen. Natürlich haben wir in Europa nicht so viel Platz wie die Farmer in den USA. Aber dass man überhaupt Viehzucht profitabel und in der Masse mit Methoden betreiben kann, die nicht nur umweltschonend sind, sondern die Natur sogar fördern – das ist doch großartig.

Dahinter verbirgt sich noch eine weitere gute Nachricht: Wir müssen nicht alle Veganer werden, um die Erde zu retten. Noch nicht mal strenge Vegetarier. Viehzucht ist ein elementarer Bestandteil von regenerativer Landwirtschaft. Wenn Stroh zu Futter, Kot zu Dünger, Dünger zu Ernte und neuem Stroh wird, ist der Kreislauf wieder geschlossen, den die industrielle Agrarwirtschaft unterbrochen hat.

Rinder, Ziegen und Schafe können sogar die Bodenqualität verbessern – wenn sie eng beieinanderstehen und immer nur kurz auf einer Weide grasen. »Mob Grazing« wird das genannt, weil die Tiere wie ein Mob über das Land herfallen, dabei Samen in die Erde treten und sie mit ihren Ausscheidungen düngen – und wieder verschwinden.

Wenn Tiere so gehalten werden, macht sie das glücklich. Das habe ich selbst erlebt, auf dem regenerativen Hof Gut&Bösel in Brandenburg. Ich habe dort einmal mitgeholfen, die Rinder beim Mob Grazing alle vier Stunden von einem Weidestück aufs nächste umzusetzen. Kühe, Kälber und Bullen leben wieder in einer echten Herde zusammen. Das Sozialgefüge ist stark, und die Rinder sind so klug und selbstbewusst, dass sogar die Wolfsrudel der Gegend kein Problem darstellen: Die Tiere können mit ihren Hörnern jeden Wolf auf Distanz halten. Die Salers-Rinder, die hier mit Angus-Kühen vergesellschaftet werden, verhalten sich noch natürlich. Anders als degenerierte Hochleistungszuchten wie die Holsteiner auf der saudischen Al-Safi-Farm, die sich kaum noch auf den Beinen halten können.

Es scheint zwar nicht logisch, aber Gras sprießt auch schneller und besser, wenn es ab und zu weggemampft wird. Die meisten Pflanzen versuchen sich gegen Fressfeinde zu schützen, mit Dornen, Stacheln, Gift oder einem miesen Beigeschmack. Nur das Gras nicht. Es bietet sich Weidetieren geradezu an, so als wolle es gefressen werden. Und das stimmt auch. Denn kaum wird es oben abgebissen, legt es unten einen Zahn zu. Gras kompensiert den Verlust vor allem durch ein verstärktes Wurzelwachstum, was ihm hilft, konkurrierende Pflanzen zu verdrängen. Nebeneffekt: Der Boden wird nährstoffreicher, artenreicher, speichert mehr Treibhausgase und ist sicher vor Erosion. Wenn man es richtig macht, können Kühe von Klimakillern zu Klimaschützern werden.

In einigen Regionen Afrikas versucht man mit Mob Grazing, die Wüstenbildung aufzuhalten. Rinderpopulationen ersetzen dort die großen Herden, die einst über Grasland, Prärien und Savannen zogen. Bei den Büffeln Nordamerikas hat man sogar ein Enzym im Speichel entdeckt, das Pflanzen in ihrem Wachstum anregt. Bei uns gäbe es die Marsch an der Küste und die Almen auf den Bergen nicht, wenn sie niemand abknabbern würde – sie würden einfach zuwachsen. Und die Heiden mit ihrer lilafarbenen Blütenpracht sind sogar erst durch Überweidung entstanden – und zwar schon in der Eisenzeit, also ab etwa 800 vor Christus.

Lange, lange her also. Genug Zeit, damit sich Tier- und Pflanzenwelt auf die deutschen Kulturlandschaften einstellen konnten. Einige Arten würden ohne sie gar nicht mehr überleben: Laut einer Übersichtsstudie brauchen bis zu einem Fünftel aller Wildbienen, Schmetterlinge und Heuschrecken nicht Wildnis, sondern Kulturlandschaft zum Leben. Und auch größere Tiere haben lange von Ackerbau und Viehzucht profitiert: Die Mehlschwalbe zog zwischen die Balken von Scheunen und Bauernhäusern, wo sie Baumaterial für ihre Nester fand und sich von den Insekten ernährte, die in den Gärten und Ställen herumschwirrten. Nur gibt es solche Höfe seit der Industrialisierung der Landwirtschaft so gut wie nicht mehr. Ähnlich geht es den Dung- und Mistkäfern, die keine Fladen mehr finden und vom Aussterben bedroht sind, weil Kühe heute in verschlossenen Ställen gehalten werden und statt Fladen nur noch Gülle produzieren.

Intensive Viehzucht bedingt intensive Landwirtschaft, denn dort kommt das Tierfutter her – und was beides auf unserem Planeten anrichtet, haben wir bereits gesehen. Wir müssen auf Fleisch nicht verzichten, aber ein Freibrief für den ungehemmten Wurstkonsum ist das nicht. Im Gegenteil: Weniger und besser produziertes Fleisch ist vielleicht das schnellste und einfachste Mittel, um die Umweltprobleme in den Griff zu bekommen, die unsere Ernährung verursacht. Vor allem für uns in den Industrieländern.

Experten beklagen fast hysterisch den wachsenden Fleischkonsum in Schwellenstaaten, die sich jetzt auch Schnitzel und Chicken Wings leisten können. Würden die Menschen überall so essen wie im globalen Norden, wäre die Erde wohl schon hinüber. Denn den Großteil des Fleischbergs verfuttern immer noch wir: In den USA verbraucht ein Mensch über 120 Kilogramm Tier pro Jahr (also nicht nur, was im Magen landet, sondern auch, was übrig bleibt, etwa Knochen) und in Deutschland 80 Kilo. Im Agrarriesen China ist es dagegen immer noch ein Viertel weniger, und in Indien sind es gerade mal 3,8 Kilogramm pro Person und Jahr.

Aber totale Abstinenz muss eben auch nicht sein. Die regenerative Landwirtschaft macht vor, wie wir weiter Schnitzel und Burger genießen können: indem Tiere naturnah gehalten werden. Gras will gefressen werden.

Aber bekommen wir denn mit bio und öko alle satt?!

Das ist wohl die größte aller Fragen. Können wir uns wirklich vom Gedanken der Ertragsmaximierung verabschieden, wo wir doch bis 2050 sogar 50 Prozent mehr Nahrung brauchen werden? Wie soll das, was bei Biolandbau und regenerativer Landwirtschaft herauskommt, um Himmels willen für alle reichen?

Tatsächlich ist nachhaltige Landwirtschaft bisher nicht so effizient wie industrielle. Als Faustregel gilt: Biofelder bringen auf derselben Fläche etwa 20 Prozent weniger Ernte ein als konventionelle Äcker. Das ist aber nicht mehr als ein Richtwert, ganz grob über die Mistforke gepeilt, weil eben jeder Acker anders ist und es so viele verschiedene Anbaumethoden gibt.

Forschende auf der ganzen Welt rechnen sich die Köpfe wund, ob und wie nachhaltige Landwirtschaft uns alle ernähren kann – eine eindeutige Antwort ist kaum zu finden. Die einen sagen, der steigende Bedarf könne nur über weitere Intensivierung gedeckt werden. Andere Forschende wenden ein, nachhaltige Methoden müssten nicht per se weniger Ernte einbringen. Tatsächlich lassen sich für einzelne Pflanzenarten mit nachhaltigen Methoden sogar höhere Erträge erzielen.

Würde man die Ernährungsgewohnheiten entsprechend umstellen, seien bio und öko eine echte Option.

In der konventionellen Landwirtschaft spiegelt sich der wahre Preis des Essens außerdem gar nicht wider. So hat zum Beispiel das Umweltbundesamt ausgerechnet, dass uns Ertrags- und Umsatzeinbußen durch weniger Dünger lange nicht so viel kosten würden wie die Aufbereitung von Trinkwasser, mit der wir das Nitrat aus der Landwirtschaft teuer wieder entfernen. Das Beratungsunternehmen Boston Consulting Group, dem nun wirklich niemand zu große Distanz zu mächtigen Konzernen unterstellen kann, hat die Umweltkosten der deutschen Landwirtschaft in einer Studie von 2019 auf 90 Milliarden Euro pro Jahr taxiert. Diesen »externen Kosten, die von der Gesellschaft getragen werden«, heißt es in der Studie weiter, stehe eine Bruttowertschöpfung von 21 Milliarden gegenüber. Puh. Viele Milliarden müssen wir Steuerzahler also jedes Jahr für die Kollateralschäden der konventionellen Landwirtschaft hinblättern. Klar, auch der Ökolandbau hat seine Nebenkosten, aber dennoch ließe sich mit so viel Geld eine Menge verbessern. Ohne das Einkommen der Bauern und Bäuerinnen zu schmälern, aber dafür mit erschwinglicheren Preisen für Biolebensmittel.

Gerade für Kleinbetriebe hat nachhaltige Landwirtschaft wahrscheinlich Vorteile: Sie können flexibler anbauen und schneller umstellen als Megafarmen. Tatsächlich produzieren Kleinbauern bis heute einen Großteil der weltweit verfügbaren Nahrung, je nach Studie zwischen 60 und 80 Prozent. Das muss man sich gar nicht romantisch vorstellen: Auch die Kleinen hängen am Tropf des globalen Marktes, kaufen die gängigen Industriesamen, Chemiedünger und Pestizide ein und füllen die Silos der Lebensmittelkonzerne. Mit der irren Konsequenz, dass ausgerechnet Landarbeiter und Kleinbäuerinnen weltweit am stärksten von Unterernährung bedroht sind.

Ein Beispiel: In der afrikanischen Hungerkrise von 1984 mussten Simbabwe und Kenia Zehntausende Tonnen Mais für ihre Not leidende Bevölkerung importieren. Gleichzeitig gab es in den Ländern aber Rekordernten, bloß landeten die nicht auf den Tellern der Einheimischen. Erdbeeren und Spargel gingen nach Europa, Sojabohnen, Tabak und Baumwolle in andere Teile der Welt. Weil die Konzerne eben ihre dortigen Märkte belieferten.

So funktioniert die Nahrungsindustrie: Sie fertigt Industrielebensmittel aus wenigen Grundstoffen, weshalb möglichst überall dieselben Pflanzen angebaut und Tiere gezüchtet werden. Kleinbauern haben keine andere Wahl, als sich darauf einzulassen, wenn sie Zugang zu Märkten haben wollen. Das verlangt einen hohen Einsatz von Dünger, Maschinen und Pestiziden, die von den Lebensmittelkonzernen gleich mitverkauft werden. Weil diese Art der Produktion dominiert, haben kleine Landwirte kaum die Möglichkeit, selbst zu bestimmen, geraten in Schulden und bedienen globale Unternehmen statt die Bedürfnisse der Bevölkerung vor Ort – mit fatalen Folgen, besonders im globalen Süden.

Für Kleinbauern kann Ökolandwirtschaft deshalb ein Weg zu einem besseren Leben sein, wenn sie vielfältige und profitablere Nahrung produzieren und so unabhängig werden vom Big-Food-Komplex. Im riesigen Projekt »SAFE-World« von

Brot für die Welt und Greenpeace, bei dem 146 000 Landwirte im gesamten globalen Süden teilnahmen, erzielte die nachhaltige Produktion im Schnitt 71 Prozent höhere Erträge. Bauten die Kleinbauern Knollen- und Wurzelfrüchte wie Kartoffeln, Süßkartoffeln und Kassava (Maniok) an, lag der Zuwachs sogar bei 150 Prozent.

Tatsächlich können wir uns das Rechenbingo aber auch sparen. Ob wir uns Ökolandwirtschaft leisten können oder nicht – die Frage stellt sich nämlich gar nicht. Dafür haben wir die Umweltfolgen unserer Ernährung zu lange ignoriert. Und jetzt spüren wir sie überall, wie wir in Kapitel 4 gezeigt haben. Die industrielle Nahrungsproduktion kann ihre eigenen Versprechen nicht mehr einlösen. Mehr Input sorgt nicht länger für mehr Output und mehr Effizienz. Im Gegenteil. Auf kaputten Böden braucht die Agrarindustrie heute ein Drittel mehr Dünger, um überhaupt noch auf die üblichen Erträge zu kommen. Immer mehr Dünger führt bestenfalls noch zu genauso viel Ernte. Bestenfalls.

Und auch ihrer wichtigsten Aufgabe wird die industrielle Landwirtschaft nicht mehr gerecht: eine wachsende Bevölkerung zu ernähren. Seit 2014 steigt der Hunger in der Welt wieder, 2021 waren 828 Millionen Menschen unterernährt. Dazu sind zwei Milliarden Menschen von Mangelernährung betroffen, und zwar nicht unbedingt, weil sie nichts zu essen haben. Sondern oft, weil die Industrielebensmittel, die ihnen zur Verfügung stehen, zu wenig Vitamine, Mineralstoffe, gesunde Fettsäuren und Eiweiße enthalten. Ökologische Methoden sind ein guter Weg, diese Probleme zu lösen.

Es ist auch nicht so, dass sich die konventionelle Landwirtschaft selbst trägt: Weil wir auf dem Weltmarkt um die billigsten Preise konkurrieren, gibt die EU jedes Jahr über 50 Milliarden Euro für Agrarsubventionen aus, ungefähr ein Drittel ihres gesamten Haushalts. Geld, das wir als Steuern bezahlen und von dem die Konzerne profitieren. Was sich zum Beispiel dadurch bemerkbar macht, dass die kleinen und mittleren Agrarbetriebe in Deutschland schließen, die großen dafür aber immer größer werden. Subventionen sind ein wichtiger Hebel, um unsere Lebensmittelproduktion zu gestalten. Wir sollten nur gut überlegen, was wir fördern – und was nicht.

Nachhaltige Landwirtschaft ist ehrlicher, weil sie einrechnet, was unser Essen wirklich wert ist, inklusive aller Umweltkosten. Sie stellt Kostenwahrheit her. Das ist etwas, was wir als Menschheit bis auf wenige Ausnahmen eigentlich noch nie getan haben – weder die Jäger und Sammlerinnen, die bereits die ersten Herden dezimierten, noch die sesshaften Bauern, die Wälder abholzten und Feuchtgebiete in Wüsten verwandelten. Und schon gar nicht die Menschen der Industrialisierung, die dabei sind, den Planeten zum Kollaps zu bringen.

Die Ökolandwirtschaft allein wird die Welt nicht retten. Muss sie aber auch nicht. Wie wir in diesem und dem letzten Kapitel gesehen haben, gibt es jede Menge Möglichkeiten, Natur und Agrarwirtschaft in Einklang zu bringen. Und zwar durch Ökomethoden gemeinsam mit Fortschritten in Technologie, Genetik und Chemie. Weil sie den Großteil unserer Ernährung erwirtschaftet, bringt ein Umbau der konventionellen Landwirtschaft für Mensch und Natur viel mehr, als wenn wir nur den Anteil der Biohöfe von 14 auf 20 Prozent steigerten. Ideal wäre sogar eine Welt völlig ohne Bio-Siegel, wenn Landwirtschaft sich per se auch als Landschaftspflege verstehen und dafür entlohnt werden würde.

Ein erster sinnvoller Schritt wäre das Ende der Ideologie. Glaubenskriege zwischen Ökobauern und konventionellen Landwirten sind genauso Energieverschwendung wie der fruchtlose Streit zwischen Veganern und Fleischessern. Es hilft nicht, sondern blockiert den Fortschritt, wenn wir Essen zu einer Ersatzreligion erheben und uns gegenseitig Vorwürfe machen. Pragmatismus, Innovationsfreude und Toleranz bringen ganz bestimmt mehr.

200 Jahre lang haben wir immer nur eine Antwort auf die Frage gefunden, wie wir die Welt ernähren können: Industrialisierung. Aber das stimmt heute nicht mehr, und wahrscheinlich stimmte es noch nie. In der Ernährung der Zukunft wird es viele Anbaumethoden, Produktionsformen und Nahrungsmittel nebeneinander geben. Wir brauchen viele Lösungen gleichzeitig, die sich ergänzen und das Wohl aller im Blick haben. Vielleicht mit ökologischen Farmen, auf denen Hightechsensoren die Bodengesundheit überwachen. Ein bisschen Future Food aus dem Labor, hergestellt mit erneuerbaren Energien, und auch mal ein Steak von einer wirklich glücklichen Kuh. Dazu eventuell Steckrüben vom Hofladen und Cornflakes aus Monokultur-Mais, der allerdings auf konservierenden Feldern gepflanzt wurde. Das könnte klappen.

Eine Zutat fehlt aber noch für das Essen der Zukunft: du und ich. Die Gemeinschaft der Menschen. Denn mit unserer Einstellung und unserem Konsum bestimmen wir, wie die Zukunft aussehen wird.

7

Zwei Seelen in der Brust
Wie wir handeln statt hadern

Sie war aufgeregt, aber nicht beunruhigt, als der Professor sie über die Ränder seiner Brille beäugte. Schließlich war sie gut vorbereitet auf das Aufnahmegespräch am College für Umwelt und Forstwirtschaft in Syracuse, New York. Sie hatte sich kluge Antworten zurechtgelegt und trug ein neues, rotes Karohemd, was sie für die Uniform aller Botaniker hielt. Und schließlich kannte sie die Namen und Formen von Blumen, Bäumen und Kräutern von Kindesbeinen an. Sie hatte wildem Süßgras beim Wachsen zugesehen und Samen und gepresste Blätter kartonweise unter ihrem Bett gesammelt. Deshalb zögerte sie nicht, als der Professor fragte, wieso sie sich ausgerechnet für Pflanzenkunde interessiere.

Robin Wall Kimmerer wollte gern verstehen, wieso Raublatt-Astern und Kanadische Goldrute so schön zusammen aussehen. Wie konnte es sein, dass ausgerechnet diese beiden Pflanzen so häufig gemeinsam wachsen? Und dabei auch noch so anziehend auf uns wirken?

»Das ist keine Wissenschaft«, antwortete der Professor. Ob

sie nicht lieber Kunst belegen wolle. Dann ließ er sie trotzdem zum Botanikstudium zu.

Kimmerer war ihre Antwort danach nur noch peinlich. Die junge Frau sagte nichts davon, dass wilde Erdbeeren sie gelehrt hatten, wann es Zeit für die Ernte ist und wie sie kleine Flecken Erde freilegen konnte, um neue Ranken wachsen zu lassen. Sie erzählte auch nicht, wie ihre Eltern immer etwas Kaffee verschütteten, draußen beim Campen, um der Erde zu danken.

Es schien, als müsse Kimmerer das Wissen ihrer Vorfahren, der Potawatomi, vergessen, um Wissenschaftlerin zu werden. Stattdessen lernte sie, wie man Hypothesen aufstellt und Beweise führt. Wie man komplexe Fragen in Einzelteile zerlegt und sie durch Logik und Präzision wieder zusammensetzt. Die Goldruten und Astern ihrer Kindheit hießen jetzt *Solidago canadensis* und *Symphyotrichum novae-angliae*.

Kimmerer fand auch heraus, dass es sehr wohl eine Begründung dafür gibt, wieso Goldrute und Aster gemeinsam so schön in unseren Augen blühen – die eine mit hohen Stängeln und kleinen, gelben Blüten an langen Zweigen, die wie zarte Bürsten abstehen; die andere nah am Boden und mit einem Kranz aus leuchtend violetten Blütenblättern. Gelb und Violett, das sind Komplementärfarben. Sie bilden den größten Kontrast, den das menschliche Auge wahrnehmen kann, aber mischt man sie, kommt Grau heraus. Gelb und Violett erregen die Zapfen in unseren Augen und unsere Aufmerksamkeit, da kann unser Gehirn gar nicht anders. Viele empfinden das als schön. Genau wie uns geht es auch den Bienen. Die Farbkombination von Goldrute und Aster zieht sie magisch an, die

Pflanzen werden zum begehrenswertesten Ziel auf der Wiese. Zusammen locken sie viel mehr Bestäuber an, als eine Blumenart allein es könnte.

Es gibt also einen wissenschaftlichen Grund, wieso Astern und Goldruten so bezaubernd aussehen, wenn sie gemeinsam wachsen. Man kann ihn als These aufstellen und mit Experimenten überprüfen. Aber Kimmerer hatte das auch so gewusst. Die Pflanzen hatten zu ihr gesprochen, und sie hatte zugehört. Wer hat nun recht: die Weisheit der Natur oder Darwins Regelbuch?

Robin Wall Kimmerer ist heute 70 und Professorin für Umweltbiologie an der State University of New York. Sie untersucht immer noch Pflanzen und lernt von ihnen. Kimmerer hat in ihrem Leben viele Auszeichnungen erhalten, den MacArthur »Genius Grant« zum Beispiel, ein hochdotiertes Stipendium. Aber sie hat auch ihre Potawatomi-Wurzeln wiederentdeckt und Bestseller darüber geschrieben, wie altes Wissen und Wissenschaft gemeinsam die Welt erklären können. In ihren Vorträgen erzählt sie einer neuen Generation von Biologinnen und Biologen, wieso Mais, Bohne und Kürbis so gut zusammen gedeihen. Und die Geschichte, wie diese »Drei Schwestern« im Anbeginn der Zeit aus dem Körper von Sky Woman's Tochter gewachsen sind, die den Boden und die Pflanzen auf die Erde gebracht hat.

Während ich an dem Buch arbeitete, das Sie gerade in Händen halten, habe ich immer wieder Kimmerers Werk *Geflochtenes Süßgras* aufgeschlagen. Immer dann, wenn ich mich in Effizienzstudien und Ernstestatistiken und biophysiologischen Ernährungstheorien verlor. Kimmerers Buch erinnerte mich daran, um was es wirklich geht: Wir sind, was wir essen. Durch unsere Nahrung stehen wir mit allem in Kontakt, uns selbst, der Gemeinschaft der Menschen, der Erde. Wenn wir unser Essen anpassen – dann können wir die Welt verändern.

Auch in uns Europäern wohnen zwei Seelen: Wir sind Kinder des Rationalismus und der Industrialisierung. Wenn etwas nicht funktioniert oder ineffizient ist oder mit Logik nicht erklärbar, macht uns das wuschig. Aber wir wünschen uns auch Geborgenheit und Zusammenhalt und einen Schoß, der uns nährt.

In der europäischen Geistestradition ist der Mensch die Krone der Schöpfung. Nach uns kommen die Tiere, die wir als uns am ähnlichsten empfinden oder auf die wir menschliche Eigenschaften projizieren – der treue Hund, das edle Pferd, der wilde Löwe, der schlaue Fuchs, die fiese Schlange. Dann kommen alle anderen, je weiter von uns auf dem Stammbaum des Lebens entfernt, desto weniger wert. Danach erst folgen die Pflanzen. Den Mikrokosmos aus Ein- und Mehrzellern nehmen wir so gut wie gar nicht wahr. Außer Viren und Bakterien, die uns krank machen und deshalb auszutilgen sind.

Indigene Kulturen sehen Menschen, Tiere und Pflanzen oft als gleichwertige Mitgeschöpfe. Manchmal verehren sie Bäume, Hirsche oder Süßgras sogar als große Schwestern und Brüder, weil sie länger auf der Erde existieren und damit besser wissen sollten, wie man richtig auf ihr lebt. Eigentlich ein logischer Gedanke.

Als die ersten Kolonisten an der Nordostküste Amerikas landeten, waren sie überwältigt vom Reichtum der Natur. Kimmerer zitiert einen Eintrag aus dem Tagebuch einer frühen europäischen Einwanderin, die Indigene bei der Reisernte begleiten durfte. Empört schrieb sie über »die Wilden«: »An den festgelegten vier Tagen ernten sie von der Morgen- bis zur Abenddämmerung, dann hören sie auf, und oftmals lassen sie viel Reis ungeerntet stehen. Der Reis, sagen sie, ist nicht für sie, sondern für die Donnerwesen. Durch nichts lassen sie sich dazu bewegen weiterzumachen, weshalb große Mengen verderben.« Was die Schreiberin nicht wusste und nicht weiter wissen wollte: Nicht nur die Donnerwesen freuen sich über den übrig gebliebenen Reis. Auch die Enten, die davon naschen und die man jagen kann, die Organismen, die das Feld gesund halten – und der Mensch, der im nächsten Jahr umso mehr neuen Reis ernten wird.

Die Einwanderin ignorierte das Wissen der Indigenen, weil sie gar nicht auf die Idee kam, dass hinter den Donnerwesen mehr stecken könnte als die beschränkte Weltsicht einer naiven Kultur. Hätte sie nachgefragt oder besser beobachtet, wäre ihr klar geworden, dass die scheinbare Verschwendung gute, auch für den europäischen Verstand nachvollziehbare Gründe hatte. Die einheimischen Reisbauern kannten sie ganz genau. Sie drückten sie nur auf andere Weise aus.

Was wir mit dieser Geschichte zeigen wollen: Es gibt nicht nur zwei Wege, zwischen denen wir uns entscheiden müssen – zerstörerische Naturbeherrschung, die zum Ökokollaps führt, oder harmonische Eintracht auf Kosten menschlichen Wohlstands. Dazwischen ist nämlich Platz für einen weiteren Weg.

Die simple Grundregel: Was der Natur nutzt, bringt auch uns weiter. Es ist ja auch gar nicht so, dass wir Industriemenschen dieses Prinzip nie anwenden würden. In Europa etwa gibt es schon seit 1978 Fangquoten im Meer, nur wollen wir damit nicht Bruder Fisch ehren. Sondern wir argumentieren rational und praktisch: Wenn wir zu viel fischen, schwinden die Bestände. Wenn es keine Fische mehr gibt, bricht die Industrie ein. Wenn die Industrie einbricht, verlieren wir Arbeitsplätze. Und so weiter. Das Ganze nennen wir dann Verordnung zur »Erhaltung und Bewirtschaftung der Fischbestände durch Aufstellung von Fangquoten« und nicht Respekt für die Donnerwesen. Wäre es so schlimm, wenn wir auch andere Gründe zulassen würden? Kann es nicht auch einfach nett und fair, moralisch aufbauend und gut für die Seele sein, wenn wir die Erde nicht ausbeuten?

Es ist einsam an der Spitze der Schöpfung. Die Kehrseite von Naturbeherrschung und Gewinnmaximierung ist uns sehr wohl bewusst. Wir beklagen den Verlust von Familienstrukturen, gesellschaftlichem Zusammenhalt und Esskultur, haben Angst vor einer globalisierten Welt und verlangen nach authentischen Lebensmitteln. Es würde wohl niemand auf die Idee kommen, eine Tiefkühlpizza zu verehren oder sich bei einem Tetra Pak Milch zu bedanken. Dabei sehnen wir uns doch nach Verbundenheit.

Wir hängen fest in romantischen Vorstellungen von einem unbestimmten Früher, in dem alles besser war – und schwelgen dabei in weiten Teilen der Welt in nie dagewesenem Wohlstand, den wir der Industrialisierung und ihrer Naturausbeutung verdanken. Was wäre, wenn wir beides zusammendenken könnten? Wenn wir die Rationalität im Umweltschutz entdecken und Industrie und Chemie lieben könnten, weil sie nicht die Erde ausbeuten? Schließlich ist Umweltschutz der womöglich rationalste Gedanke, den ein Lebewesen überhaupt haben kann, weil er das eigene Überleben sichert.

Wir wissen und fühlen, dass wir etwas ändern müssen, aber wir können uns nicht dazu überwinden. Kognitive Dissonanz nennt das die Psychologie. Sie hemmt und hindert uns am Handeln, sie lässt uns streiten, obwohl wir alle dasselbe wollen: satt werden UND die Erde erhalten. Deshalb ist es so wichtig, dass wir nicht nur die Technologie und die Methoden entwickeln, mit denen sich nachhaltig Nahrung produzieren lässt. Es gibt so viele Lösungen, wie wir die Erde gesund essen könnten – aber wenn sich unser Verhältnis zur Welt nicht ändert, werden sie nicht funktionieren.

Eine Welt in Bewegung

Tortendiagramme sind eine sehr prosaische Art, um komplexe Sachverhalte darzustellen. Sie sollen keine Emotionen wecken, sondern schnell und kompakt Inhalte vermitteln. Aber auf das unserer Meinung nach wichtigste Tortendiagramm der Welt kann man auch mit anderen Augen blicken. Es wird dann zum Symbol für die Beziehung, in der wir mit unserem Planeten stehen: Im Zentrum liegt ein Kreis, der an Mutter Erde erinnert, aus dessen Mitte Strahlen Richtung Unendlichkeit schießen. An ihrem Ursprung sind die Strahlen grün, die Farbe des Lebens. Aber je weiter sie sich vom Mittelpunkt entfernen, desto mehr verändern sie ihre Farbe. Die Strahlen jagen weiter, aus dem Kreis des Lebens heraus, und wechseln dabei zu Gelb, Orange und schließlich zu Rot. Die Strahlen, die am weitesten schießen, brennen wie Feuer. Wie eine Warnung.

Hätte der schwedische Erdsystemforscher Johan Rockström sein Tortendiagramm auf so mystische Art beschrieben, wäre er wohl nicht, was er heute ist: eine Art Rockstar der Geowissenschaften, also all der Forschungsgebiete, die sich mit den großen naturwissenschaftlichen Zusammenhängen beschäftigen.

2009 hat Rockström mit seinem Team das System der planetaren Grenzen errechnet, das seither in der Wissenschaftsgemeinde immer wieder aktualisiert wird. Die Basis dafür bilden die letzten 10 000 Jahre vor der Industrialisierung, in denen die biogeochemischen und atmosphärischen Parameter unseres Planeten relativ stabil geblieben sind. Die Strahlen entsprechen dabei den neun planetaren Grenzen, in denen das biophysikalische Gleichgewicht erhalten bleibt: die natürlichen Prozesse unserer Erde, die notwendig für unser Überleben sind. Die Torte soll zeigen, ob der Weltuntergang nah ist oder wir auf der Erde eine Zukunft haben. Wenn nämlich auch nur einer der neun Strahlen dauerhaft im roten Bereich verharrt, wird es gefährlich für uns. Ohne ausreichend Trinkwasser etwa oder ohne Artenvielfalt kann kein Mensch existieren.

Doch der Mensch wirkt massiv auf die irdischen Systeme ein, weil er überall herumwuselt, mit seinen Autos und Flugzeugen, Fabriken und Häusern, seinen Bohrinseln, seinem Müll und seinem Essen. Für jeden Bereich haben die Wissenschaftlerinnen und Wissenschaftler berechnet, wie viele der irdischen Ressourcen wir bereits nutzen und ab wann der Planet einfach nicht mehr mitmacht. Grüne Strahlen beziehungsweise Tortenstücke zeigen: Hier ist alles noch im Lot. Seit der letzten Aktualisierung 2022 gilt das für die Ozonschicht, das Süßwasser und geradeso noch für die Meere. Gelb heißt: Achtung, ab hier wird es kritisch! Diesen Punkt haben wir bei Klima und Landnutzung erreicht. Dagegen liegen wir bei naturfremden Substanzen (vor allem Chemikalien), den Phosphor- und Stickstoffkreisläufen und der Biodiversität weit, weit in dem Bereich, in dem gravierende Folgen für das Ökosystem Erde kaum mehr abzuwenden sind. Bei ihnen schießen die Strahlen knallrot über die Erdgrenzen hinaus. Genau die Prozesse also, in die sich industrielle Landwirtschaft und Viehzucht besonders einmischen.

Wenn Forschende berechnen, welche Ernährungsweise unseren Planeten retten kann, nehmen sie oft die planetaren Grenzen als Zielvorgabe. An ihnen simulieren sie mit Hochleistungscomputern, welche Maßnahmen am besten wirken und den größten Erfolg versprechen. Oft sind das Maßnahmen, die sich direkt auf die Nahrungsmittelproduktion beziehen, weniger Düngemittel- und Pestizideinsatz zum Beispiel. Aber fast immer kommen auch Dinge heraus, die Landwirtschaft und Viehzucht gar nicht allein in der Hand haben. Zum Beispiel eine gerechtere Verteilung der Nahrung zwischen den Weltregionen, weniger Verschwendung oder weniger Fleischkonsum, vor allem im globalen Norden. Produktion, Markt und Konsumverhalten lassen sich nicht voneinander trennen. Sie hängen zusammen und bedingen sich gegenseitig. So, wie auch die planetaren Grenzen nicht einfach für sich stehen: Wo der Boden überdüngt wird, gehen Arten und Land verloren.

Wo viel Chemie ins System gelangt, brechen gesunde Meere oder das Klima schneller zusammen.

Wie wir alle Bereiche der Ernährung mit einbeziehen können, lässt sich in fünf Stufen unterteilen. Die ersten beiden: den Input reduzieren und den Input wechseln, von chemischen zu organischen Stoffen. Daran könnten wir eigentlich einen Haken machen. Präzisionsmethoden, Bio-, konservierende und regenerative Landwirtschaft, alternative Nahrungsmittel – all das hilft dabei und ist heute bereits möglich. Und es lässt sich gut mit der industriellen Nahrungsmittelproduktion kombinieren.

Auf Stufe drei wird es schon schwieriger, denn dabei verwandelt sich die Agrarindustrie in Agroökologie. Das heißt: Statt sich nur am maximalen Ertrag und Gewinn zu orientieren, wie wir es spätestens seit der Industrialisierung gewohnt sind, müsste die Nahrungsmittelproduktion die Gesundheit der Erde mitdenken. Das versuchen regenerative Landwirtschaft und Viehzucht zwar bereits, so wie auf der Alexandre Family Farm in Kalifornien oder dem Gut Bösel in Brandenburg. Aber noch fehlen Wissen und Methoden, um Agroökologie auf der ganzen Welt einzusetzen. Außerdem setzt das voraus, dass sich auch die Märkte und die Politik darauf einstellen, wie wir in den vorherigen Kapiteln gesehen haben.

Auf Stufe vier entdecken wir die Verbindung zu unserem Essen wieder und verändern unseren Konsum, und auf Stufe fünf wird all das global umgesetzt.

Dass wir eine bessere Beziehung zu unserem Essen aufbauen, ist elementar. Weil echter Wandel nie von oben kommen kann, sondern nur durch die Summe der einzelnen Menschen. Wir sind es schließlich, die Politikerinnen und Politiker wählen und die auf den Feldern und in den Fabriken arbeiten. Wir sind es, die bestimmen, was auf unserem Teller landet. Die Agroökologie weiß auch, wie wir unserem Essen am besten wieder nahe kommen: indem wir die kennenlernen, die es herstellen – oder gleich selbst zu Bauern werden.

Ersteres ist in etwa das, was die Bio-Bewegung mit »saisonal und regional« meint. Wenn wir das essen, was die Jahreszeit gerade bei uns vor der Haustür hergibt, sparen wir uns Transportwege um die halbe Welt und ressourcenfressende Farmen in der spanischen Steppe. Die Bauern und Bäuerinnen werden so unabhängig vom Big-Food-Komplex, weil sie direkt für die Bevölkerung produzieren und nicht für das Diktat des globalen Markts. Kaufen wir vom Bauer aus der Umgebung ein, können wir außerdem besser einschätzen, was in unseren Lebensmitteln steckt. Wir könnten ja sogar jederzeit vorbeifahren. Räumliche Nähe stellt emotionale Nähe her. Das Modell der Solidarischen Landwirtschaft geht noch weiter. Dabei zahlen die Kunden den Bauern im Vorfeld einen festen Betrag und bekommen dafür einen Anteil an der Ernte. Die Farmer müssen sich so nicht um die schwankenden Preise auf dem Weltmarkt sorgen, sie werden unabhängiger von Konzernen – und die Kunden bekommen frische, gesunde Lebensmittel von einem Erzeuger, den sie kennen. Auf Wunsch können sie sogar bei der Ernte helfen.

Noch besser wäre es laut Agroökologen, wenn die Menschen im globalen Norden selbst wieder zu Lebensmittelproduzenten würden. Denn dann könnten wir wirklich fühlen, wie die Erde uns beschenkt. Oder in der prosaischen Sprache des

Rationalismus: Wir könnten nachvollziehen, wie die Produktionsprozesse vom Rohstoff Erde abhängen.

Dazu muss man sich nicht mal in der Kleingartenanlage anmelden und hoffen, dass eine Parzelle frei wird. In vielen Großstädten gibt es mittlerweile Bürgergärten, von kleinen Brachen, auf denen man anbaut, was man möchte, bis zu ganzen Feldeinheiten, die der Bauer im Frühjahr vorbestellt und die man nur pflegen muss, bis spätestens ab Sommer Zucchini, Kartoffeln und Kürbis sprießen. Gerade in der Stadt gibt es viele Flächen, auf denen man theoretisch Nahrung anbauen könnte, Dächer, Verkehrsinseln, Spielplatzecken oder einfach der Topf Kräuter auf dem Balkon. Experten empfehlen, so viele wie möglich davon zu nutzen. Jedes bisschen Extranahrung entlastet schließlich die Felder der Erde. Und es tut der Seele gut, die Erde zu fühlen und zu riechen, den Schnittlauch und die Gurken wachsen zu sehen, sie zu versorgen und sich am Ende von ihnen versorgen zu lassen. Die Menschen würden so wieder ein emotionales Verhältnis zum Essen entwickeln – und zu Nahrungsmitteln greifen, die nicht die Erde zerstören.

Wenn ich Ratschläge wie diese höre, muss ich an das Bürgerfeld denken, das hinter einem Park im Norden Hamburgs liegt. Als ich dort einmal im Spätsommer spazieren ging, wucherten die Zucchini nur so aus der Erde, die Tomaten vergammelten rot und fett auf dem Boden, und der Rotkohl hatte sich von übersichtlichen Köpfen in überbordende lila Monsterblumen verwandelt, deren Blätter aufgingen wie dicke, wächserne Blüten. Niemand war da, um sie zu ernten. Die Hobbygärtner kümmerte es offensichtlich nicht, ob die Früchte ihrer Arbeit verfaulten oder nicht. Meine Theorie: Das bestellte und gepachtete Feld ist für Städter ein tolles Ausflugsziel, solange das Jahr noch frisch ist und die ersten Sonnenstrahlen locken – über die Sommerferien hinaus hält die Euphorie aber nicht an.

Auch, wenn viele Experten es als Lösung vorschlagen: Es wirkt nicht überzeugend, dass Menschen im globalen Norden wieder im großen Stil zu Bauern und Gärtnern werden. Jedenfalls nicht in dem Maß, dass es für die Welternährung einen Unterschied macht. Und nicht jeder Gartenbesitzer wird automatisch zum spirituell erwachten Umweltschützer. Ich finde den Gedanken auch eher gruselig, dass man sich statt zum Feierabendbier zum Feierabendunkrautjäten trifft.

Vielleicht sind wir alle zu sehr Kinder der Industrialisierung. Aber die meisten von uns wollen wahrscheinlich und könnten auch gar nicht zurück in die Welt unserer Großeltern, in der man früh um sechs die Hühner fütterte und stundenlang Erdbeermarmelade kochte oder Gurken einmachte. Nicht alles ist schlecht, was uns die Industrialisierung gebracht hat. Vieles ist, wie wir beschrieben haben, sogar ausgesprochen gut.

Natürlich: Wer dem Gras beim Wachsen zusieht, mit den Händen in der Erde wühlt und merkt, wie viel Kraft es kostet, bis man runde, schwere Kartoffeln herausziehen kann, der kommt der Natur und seiner Nahrung nah. Aber es gibt noch andere Wege, wie wir unser Essen wieder schätzen lernen können. Einer davon ist deutlich bequemer als selber pflanzen, und wir kennen ihn bereits sehr gut.

Die Macht im Geldbeutel

Benjamin Lay war immer für einen Skandal gut, darauf war man vorbereitet bei der jährlichen Versammlung der Quäker in Philadelphia. Da passte sein Verhalten und genau zum Aussehen, bei Lay mit seinem riesigen grauen Bart, dem krummen Rücken und seiner zwergenhaften Größe von gerade mal 1,37 Meter. Was Lay sich aber während des Treffens von 1742 leistete, sollte in die Geschichte eingehen. Auf einem nahen belebten Markt errichtete Lay einen Stand und breitete darauf das gute Teeservice seiner verstorbenen Ehefrau Sarah aus. Dann begann er, jeden Teller und jede Tasse Stück für Stück auf dem Boden zu zerschmettern. Die Menge bekniete ihn, diese schamlose Zerstörung doch bitte zu unterlassen, man bot ihm sogar Geld für das Porzellan. Aber Lay hörte nicht auf, schmiss und zeterte immer weiter – bis ihn jemand mit Gewalt vom Markt zerrte.

Lay war vielleicht ein schräger Vogel, aber ein Mann mit Prinzipien. Mit dem zerschlagenen Teeservice protestierte er gegen das, was üblicherweise darin landet: Zucker. Und der stammte im 18. Jahrhundert von den Sklavenplantagen der Kolonialmächte. Lay kannte sie sehr genau. Der Engländer und ehemalige Seefahrer hatte die Welt bereist und eine Weile auf der Zuckerrohrinsel Barbados gelebt, die berüchtigt war für furchtbare Lebensbedingungen und Grausamkeit gegenüber Sklaven.

Die Abolitionismus-Bewegung in Großbritannien und den USA nahm bei den Quäkern ihren Anfang. Kein Wunder, schließlich brachte sie die Sklaverei in ein Dilemma: Die Quäker waren oft fleißige Geschäftsleute, aber die Ausbeutung von Menschen passte nicht zu ihrem humanistischen Glauben. Lay war einer der Ersten, die sich dagegen auflehnten. Er entführte den Sohn seiner sklavenhaltenden Nachbarn, um ihnen zu zeigen, wie es ist, wenn einem das Kind entrissen wird. Und er hatte sich theatralisch auf einem Quäkertreffen selbst erstochen. Das Blut war zwar nur Beerensaft, aber die Zuschauer fielen trotzdem in Ohnmacht. Man verfrachtete Lay daraufhin vor die Tür, wo er gleich den ganzen Tag scheintot liegenblieb; die Besucher mussten über ihn hinübersteigen.

Diese Formen seines Protestes fanden keinen Nachahmer – der Zuckerboykott dagegen schon. Der wurde so populär, dass in den 1790ern bis zu einer halben Million Briten – Quäker oder nicht – auf Zucker verzichteten. Nicht wenige von ihnen zerschlugen ebenfalls öffentlich Porzellan. Tee-Partys waren plötzlich nicht mehr schick, sondern verwerflich, und wer einen Gastgeber nach Zucker fragte, weil keiner auf dem Tisch stand, beging sozialen Selbstmord. Die Verkäufe des Rohstoffs aus Übersee fielen in dieser Zeit um 30 bis 50 Prozent, und Händler boten *free-grown sugar*, Zucker aus Anbau ohne Sklavenarbeit, als alternative Kaufoption an.

1807 verbot das britische Parlament die Sklaverei im Vereinigten Königreich und allen seinen Kolonien; viele Länder folgten. Das war natürlich der Erfolg von unzähligen Menschen und Bewegungen. Aber der Zuckerprotest aufgeklärter Konsumenten hat in den Augen von Historikern einen großen Beitrag dafür geleistet, dass Millionen Menschen nicht länger wie Waren verkauft werden durften und Sklaverei heute universell als unmenschlich gilt.

Die Entscheidung, was wir einkaufen und was nicht, hat eine unglaubliche Macht. Das gilt gerade für unser Essen. Mit Demonstrationen, Petitionen und dem Kreuz auf dem Wahlzettel senden wir Signale, wie wir die Welt haben möchten. Aber unser Konsumverhalten gibt den Lebensmittelunternehmen eine direkte, unübersehbare Rückmeldung, was wir wollen. Durch Nichtkaufen bedrohen wir sie mit der Waffe, die sie am meisten fürchten: Profitverlust. Und der jagt Unternehmen eine Heidenangst ein.

Die allermeisten Konzerne werden nicht von habgierigen Egomanen, sondern professionellen Managern geleitet. Und die folgen betriebswirtschaftlichen Argumenten. Sie wollen Geld verdienen, und wenn sie der Überzeugung wären, sie könnten das mit nachhaltig produzierten Waren genauso gut oder sogar besser als mit solchen, für die Natur zerstört wird, dann würden sie das auch tun. Wir müssen also keine finsteren Mächte niederringen, um die Welt zu retten, sondern die Märkte verändern – und ein Mittel dafür ist die Nachfrage, die wir mit unseren Kaufentscheidungen schaffen.

Und offensichtlich passiert da gerade auch etwas, ganz sicher bei uns in Deutschland. Man sieht es daran, dass kein Player im Big Food-Komplex mehr ohne Nachhaltigkeitsabteilung auskommt. Und daran, dass die Großen die Supermarktregale mit vegetarischer Wurst und veganem Käse fluten. Die Bio-Option gibt es mittlerweile auch vom Discounter. Dass der Fleischkonsum in Deutschland seit 2019 so schnell auf gut 50 Kilogramm pro Mensch und Jahr gesunken ist, nachdem er jahrzehntelang bei 60 Kilo stagnierte, ist ein unglaublicher Erfolg. In einer großen Umfrage unter deutschen

Bürgermeistern und Bürgermeisterinnen, die alle paar Jahre durchgeführt wird, gaben 2022 ganze 61 Prozent an, Klimaschutz und Nachhaltigkeit als oberstes Ziel zu verfolgen – drei Jahre zuvor waren es gerade mal acht Prozent. 2023 ist nach langem Hin und Her endlich das Lieferkettengesetz in Kraft getreten, das Unternehmen dazu verpflichtet, auf Menschenrechte und Umwelt zu achten, und zwar entlang ihrer gesamten Produktion und darüber hinaus auch noch bei den Unternehmen, die sie beliefern. So beginnt echter gesellschaftlicher Wandel.

Es scheint paradox, doch der Einfluss von Ihnen und mir ist zugleich winzig und riesig. Man kann jede individuelle Verantwortung wegdiskutieren, indem man sich der gesamten Menschheit gegenüberstellt: Was kann ich schon ausrichten, wenn die ganze Welt ...?

Das ist eine beliebte Ausrede, um selbst nichts verändern zu müssen. Umgedreht ist das Argument viel sinnvoller: Wenn jeder Einzelne ein wenig verändert, ist die Summe der Veränderungen gewaltig groß. Ein Beispiel: Weil in Deutschland weniger Fleisch gegessen wird, ist in der Folge auch die Produktion von Schweinefleisch zwischen 2021 und 2022 um fast zehn Prozent gesunken, um ungefähr eine halbe Million Tonnen. Das bedeutet entsprechend weniger Gülle im Grundwasser, weniger Sojafutter-Importe und mehr Regenwald in Brasilien. Und das alles nur, weil einzelne Menschen entschieden haben: Ich verzichte ab und zu mal auf die eine Bratwurst. Wenn das 84 Millionen Deutsche tun, ist das jedoch eine riesige Masse. Wenn viele Menschen gemeinsam klarmachen, dass sie kein Geld für Lebensmittel ausgeben, für die der Planet zerstört wird – dann werden Industrie und Handel auch darauf reagieren.

Wir halten nicht einfach Geld in der Hand, wenn wir an der Kasse bezahlen, sondern Macht. Unsere Kaufentscheidungen verbinden uns mit Bauern am anderen Ende der Welt, mit den Feldern der Erde, mit dem Regenwald und den Bienen. Mit einer Biobratwurst von glücklichen Schweinen können wir die Welt verändern, weil dafür kein Regenwald fällt. Wie wir in Kapitel 3 gesehen haben, sind Politik und Industrie seit Jahrhunderten die Treiber bei der Ernährung: von der Kartoffel, die Könige und Parlamente im 18. und 19. Jahrhundert ihren Bürgern verordneten, über industriellen Milchbrei und Konserven, an die man die Bevölkerung nur mit Mühe und Marketing gewöhnte, bis zur global exportierten grünen Revolution im Kalten Krieg. Zeit, dass wir unsere eigene Macht wahrnehmen.

Eine Sozialforscherin hat ein Buch darüber geschrieben, wie sich die Präferenzen der obersten Schichten der USA derzeit verändern. Statt für Luxusartikel geben sie ihr Geld jetzt immer öfter für hochwertige Biolebensmittel aus. Die Designerhandtaschen bleiben stattdessen in den Boutiquen liegen. Bio ist für sie eine Art geworden, ihren sozialen Status auszudrücken.

Vielleicht ist das die Krux und ein Grund, wieso wir uns so erbittert darum streiten: Es geht bei bio nicht um goldene Armbanduhren und Kristallkatzen, die wir uns vielleicht in Tagträumen mal wünschen, aber auf die wir eigentlich ganz gut verzichten können. Es geht ums Essen, um unser persönlichstes Gut, ohne das wir nicht überleben können. Biolebensmittel werfen automatisch die soziale Frage auf, weil man sie sich leisten können muss. Haben Arme denn kein Recht auf gesundes Essen?

Manche argumentieren, dass Biogrundnahrungsmittel nicht unbedingt teurer sind als Fertiggerichte. Das kann stimmen: Im Studium haben wir uns in der WG eher von 1001 Rezepten aus einem Sack Kartoffeln ernährt als von Fertiglasagne und Burgern, weil das billiger war. Aber es ist auch verständlich, wenn jemand lieber das Discounter-Hühnerfrikassee für 2,99 essen mag als jeden Tag Kartoffeln in Form von Püree, Pommes oder mit Petersilie. Außerdem gilt das auch nicht überall. In anderen Teilen der Welt finden Ernährungsforschende *food deserts*, weil dort wirklich nur hochverarbeitete Industrielebensmittel erschwinglich zu bekommen sind. Manchmal liegen diese Nahrungswüsten sogar nur einen Stadtteil neben solchen, in denen man sich hauptsächlich von Biogrünkohl und Quinoa ernährt.

Ökologische Produkte sind teurer, weil deren Hersteller mehr in Umwelt- und Tierwohl investieren und sie nicht unbedingt aus Massenproduktion stammen. Aber man könnte sich viele Lösungen überlegen, wie sie für jeden erschwinglich werden. Wir stecken ja bereits Milliarden Steuergelder in die Subventionierung von Nahrung. Wie günstig könnten Biolebensmittel sein, wenn sie stärker gefördert würden? Oder andersherum: Was passiert, wenn wir aufhören, nicht nachhaltig produzierte Lebensmittel mit Fehlsubventionen künstlich billig zu machen? Denn das bedeutet ja am Ende nur: im Supermarkt billig gekauft und über Steuern und Abgaben hintenrum doch teuer bezahlt, um die Umweltschäden zu reparieren. Der deutsche Discounter Penny hat das tatsächlich zu Demonstrationszwecken gemacht: Im Juli 2023 hat er seinen Kunden »wahre Preise« berechnet, allerdings nur für neun seiner 3000 Produkte. Dass die Wiener Würstchen dabei 88 Prozent teurer wurden, das vegane Schnitzel aber nur fünf Prozent, dürfte Sie im letzten Kapitel dieses Buches nicht mehr überraschen. Sinn machen solche »wahren Preise« aber natürlich nur, wenn in gleichem Maße Steuern und Abgaben gesenkt würden, die dann nicht mehr für Umweltreparaturen gebraucht würden. Am Ende wäre das idealerweise mehr oder weniger kostenneutral und daher auch sozial verträglich.

Und da wir gerade von grundlegendem Wandel sprechen, lassen Sie uns doch ein bisschen herumspinnen. Man könnte sich zum Beispiel auch ein CO_2-Konto ausdenken, von dem jede abheben oder darauf einzahlen kann. Dann wäre Bioessen für sozial Schwache günstiger, weil ihr CO_2-Konto in der Regel viel weniger belastet ist, denn sie fliegen seltener und kaufen weniger als Reiche.

Das klingt vielleicht nach Utopie, aber das waren einst auch Flugzeuge und Internet. Und wir leben ja sowieso in einer Traumwelt. Wenn wir ehrlich sind, müssten alle Lebensmittel mehr kosten. Und zwar gerade die vom Discounter, weil sie den echten Wert am wenigsten mit einrechnen. 200 Jahre lang hat uns die Industrialisierung verwöhnt, weil sie so tut, als lebten wir in einem Schlaraffenland, in dem der Tisch immer gedeckt und die Gläser immer gefüllt sind. Das schafft sie aber nur, weil die Agrarindustrie die Ressourcen der Erde ausnutzt, ohne dafür zu bezahlen. Ressourcen, die allen gehören. Der billige Preis unserer Nahrung ist eine Illusion. Nahrung muss teurer werden, das ist eine leider so harte wie unvermeidliche Wahrheit. Es gibt kein Festmahl, das nicht zu Ende geht, sagt ein chinesisches Sprichwort.

Wahre Preise hätten noch einen weiteren positiven Effekt: Wer mehr zahlt, schätzt seinen Einkauf viel höher. Viele Studien belegen das. Gibt man einer Versuchsgruppe Wein zu trinken, wird sie den vermeintlich teuren immer besser bewerten als den angeblich günstigen. Wer mehr für ein Konzertticket ausgibt, geht auch eher hin. Und sogar Medikamente wirken besser, wenn Versuchspersonen denken, dass sie viel kosten.

Dass wir unser Essen mehr wertschätzen, wäre auch das einfachste Mittel gegen Verschwendung. Und die ist ein Riesenproblem: Global wird ein Drittel der produzierten Nahrung nie gegessen. Im globalen Süden geht sie vor allem verloren, weil es an Infrastruktur mangelt. Das Essen verdirbt beim Transport auf schlechten Straßen im Lkw oder in kaputten Kühllagern. Auch bei uns gehen Nahrungsmittel verloren, noch bevor sie den Tisch erreichen. Zum Beispiel, weil sie ihr Mindesthaltbarkeitsdatum überschritten haben oder nicht der Normgröße entsprechen. Die Logik des Marktes, der ja eigentlich effizient sein soll, diktiert manchmal irre Vergeudung: Im Sommer 2022 pflügten deutsche Bauern ihre Erdbeeren unter, weil das Ernten mehr gekostet hätte, als ihr aktueller Marktpreis eingebracht hätte.

Den überwiegenden Teil der elf Millionen Tonnen Lebensmittel, die in Deutschland jedes Jahr nur für die Tonne produziert werden, werfen wir aber selbst weg. Sie und ich. Pro Kopf sind es satte 78 Kilogramm. Man kann die genaue Größenordnung diskutieren, weil sie nur auf der Basis dessen geschätzt wird, was insgesamt im Müll landet. Die Dimension dieser Verschwendung ist trotzdem beachtlich – und müsste vor allem überhaupt nicht sein. Wir könnten alle die Umweltprobleme der Gegenwart bekämpfen, wenn wir nur unsere Kühlschränke besser managen würden. Wir würden sogar Geld sparen!

Je mehr wir unser Essen wertschätzen, desto weniger sind wir geneigt, es einfach wegzuwerfen. Verschwendung ist also Kopfsache. Genau wie die Lust auf Gärtnern oder die Bereitschaft, mehr Geld für Lebensmittel auszugeben. Nur ist der Mensch ein übles Gewohnheitstier, ganz besonders beim Essen, das so eng mit unseren Gefühlen und unserer Kultur verbunden ist. Wir müssen unser Denken und Verhalten aber ändern, um den Planeten nicht zu Tode zu essen. Wie können wir wollen, was wir müssen? Damit beschäftigt sich die Psychologie, und sie hat ein paar Tricks auf Lager.

Vom Sollen zum Wollen

Forschende in den Niederlanden wollten genauer wissen, wieso sich Menschen für eine Bioernährungsweise entscheiden. Also befragten sie ihre Landsleute 2016 für eine Studie. Die Antworten ließen sich in drei Kategorien einteilen: eine stärkere Verbindung zur Natur, mehr Achtsamkeit und der Wunsch, sich von authentischen Lebensmitteln zu ernähren.

»Ich tue das, weil es sich natürlich anfühlt«, begründete ein Teilnehmer seine Bioeinkäufe. Weil das saisonale und regionale Produkte beinhaltete, empfanden die Menschen mehr

Nähe zur Natur. Ihr Speisezettel änderte sich mit den Jahreszeiten, und sie wussten, woher ihr Essen stammte. Das weckte wiederum Gefühle von Verantwortung und Fürsorge für den Planeten. Kochen und Essen, oft gemeinsam mit Freunden und der Familie, erlebten diese Menschen außerdem als Momente der Ruhe, in denen sie wieder mehr zu sich selbst fanden. Sie fühlten sich besser. Und sie hatten starke Ansichten über ihre Nahrung. Sie waren der Überzeugung, dass Industrielebensmittel per se schlecht seien, weil niemand wissen könne, woher sie kämen oder was drinstecke. Biolebensmittel seien dagegen authentisch und rein.

Rein und unrein also. Wir erinnern uns an das erste Kapitel: Genau nach diesen beiden Kategorien bewerten wir Nahrung schon seit Menschengedenken, man findet die Unterscheidung in jeder großen Weltreligion. Die Bioesser hatten sie auf das angewandt, was wir heute im Supermarkt finden. Wissenschaftlich ist bisher gar nicht bewiesen, ob Biolebensmittel tatsächlich gesünder sind als ihre konventionellen Pendants. Oder leckerer. Das ist auch fast egal: Genuss entsteht im Gaumen des Gläubigen. Wer seine Lebensmittel wertschätzt, dem schmecken sie auch besser.

Wenn wir ein anderes Verhältnis zu unserer Nahrung entwickeln möchten, können uns neue Denkmuster dabei helfen. Die Umweltpsychologie weiß auch, wie: Sie zielt ab auf die kognitiven Prozesse, die unser Handeln beeinflussen. Dafür müssen wir uns des Problems zunächst bewusst werden, uns dafür verantwortlich fühlen und davon ausgehen, dass wir Einfluss darauf haben (haben wir, wie wir oben beschrieben haben).

An diesem Punkt sind wir nun in diesem Buch: Wir wissen, dass für unser Essen Regenwald abgeholzt wird, dass die Böden auslaugen, die Küstenmeere versauern, das Klima durcheinandergerät und die Erde das nicht viel länger aushalten kann. Wir wissen auch, dass es Möglichkeiten gibt, wie sich das ändern lässt und dass jeder Einzelne Einfluss darauf hat.

Jetzt kommen aber die Normen und Gewohnheiten ins Spiel. Sie bestimmen, wie ich mich entscheide, wenn ich Kosten und Nutzen abwäge. Im schlechten Fall, der oft der Normalfall ist, geht das etwa so: Bratwurst essen ist schlecht fürs Klima und den Regenwald. Aber eine einzige Bratwurst macht ja wohl keinen Unterschied. Nur schaut mich mein vegetarischer Freund dann sicher schräg an. Aber die Wurst sieht so lecker aus, und sonntags gab es immer Fleisch. Und so weiter.

In diesem Spiel aus Für und Wider kann man sich leicht verheddern. Das ist schlecht, denn dann macht unser Gehirn einfach dicht. Wenn eine Situation Angst- oder Schuldgefühle hervorruft, verleugnen wir das Problem, werden gleichgültig oder reden uns die Realität so lange schön, bis wir wieder mit uns und der Welt im Reinen sind – und immer wieder zur Bratwurst greifen.

Aus dem Dilemma findet man nur schwer heraus. Umweltpsychologen empfehlen, sich noch besser zu informieren: Je mehr man über ein Problem weiß, desto schwerer lässt es sich ignorieren. Denn wenn Denken und Handeln im Widerspruch stehen, entsteht eine kognitive Dissonanz – und die fühlt sich nicht gut an. Eine andere Möglichkeit ist es, erwünschtes Verhalten zu belohnen oder unerwünschtes zu bestrafen. So funktionieren auch unsere Politik und unsere Gesetze. Sie wollen uns Bürgerinnen und Bürger in die richtige Richtung schubsen. Nudging heißt das in der Fachsprache der Verhaltensforschenden. Das alles klingt sehr technisch, und es macht auch irgendwie wütend. Schließlich sind Politik und Industrie selbst träge, klammern Mais aus dem Waldschutzgesetz aus oder kümmern sich nicht darum, ob für ihr Soja wirklich keine Indigenen vertrieben wurden. Stattdessen sollen wir als Konsumenten die Verantwortung übernehmen, unsere Essgewohnheiten ändern oder zu Gärtnern umschulen. Dabei haben wir oft kaum die Möglichkeit, uns für umweltschonende Lebensmittel zu entscheiden, weil das Netz der Nahrung so undurchsichtig ist oder es schlicht keine fair und nachhaltig produzierte Fertigsuppe im Supermarkt gibt.

Der Ärger darüber ist berechtigt, aber er kann auch ein Motor sein. Wo viele sich wehren, können sie bestehende Verhältnisse verändern – so wie auch der Protest gegen die Sklaverei mit ein paar kaputten Teetassen begann. Wenn Einzelne ihr Verhalten und ihr Denken umstellen, entsteht daraus gesellschaftlicher Wandel im Großen. Der gelingt nie von oben, sondern immer von unten.

Menschen lassen sich schwer mit Argumenten überzeugen, egal, wie nahtlos die Logik dahinter ist. So, wie auch die niederländischen Biokäuferinnen und -käufer aus der Studie ihren Lebensstil nicht mit wissenschaftlichen Erkenntnissen begründeten, sondern mit guten Gefühlen und kulturellen Kategorien wie rein und unrein. So funktioniert Kultur: Sie beginnt bei den Einzelnen, aber in der Summe bestimmt sie, in welcher Welt wir leben. Wenn wir es schaffen, eine Kultur der umweltfreundlichen Ernährung universell zu machen, hätten zerstörerische Methoden darin keinen Platz. Dafür hilft es wenig, wenn man sich auf negative Emotionen und das Problem selbst konzentriert. Auf das, was wir müssen.

Aber es gibt noch einen anderen Weg, ebenfalls aus der Umweltpsychologie. Demnach haben alle Menschen ein inneres Bedürfnis, Gutes zu tun. Wenn man sich nicht auf das Problem konzentriert, sondern auf das, was man selbst erreichen kann, wird aus dem Müssen ein Können. So lässt sich Freude im Handeln wiederentdecken: Ich verzichte nicht auf das Schnitzel, sondern gönne mir einen Gemüseauflauf. Ich lehne nicht die Bratwurst ab, sondern probiere das Tofusteak aus, weil es mich neugierig macht.

So eine positive Grundhaltung steckt an, darauf ist unser Gehirn gepolt. Wir wollen das Gute, und wir wollen Teil einer Gruppe sein. Dazugehören sehen einige Psychologinnen und Psychologen als das grundlegendste Bedürfnis überhaupt an. Deshalb ist die Freude am eigenen Handeln für andere so ansteckend. Nicht alle müssen dabei alles tun; es gibt Platz auf der Welt für Steakesserinnen und Fast-Food-Junkies. Wer so denkt, wird großzügig. Sich selbst gegenüber, gegenüber Andersessenden und vielleicht auch gegenüber der Natur.

Denn wir können das Bedürfnis nach Zusammenhalt und Verbundenheit auf die Erde ausweiten. In jedem und jeder von uns steckt so ein »Öko-Ich«, bei dem einen ist es vielleicht ausgeprägter als bei der anderen, aber völlig beziehungslos zur Umwelt ist niemand. Wer schon mal gedankenverloren in ein Lagerfeuer gestarrt, den Sonnenuntergang überm Meer genossen oder beim Waldspaziergang befreit durchgeatmet hat, kann die Wirkung der Umwelt auf das Ich nicht verleugnen. Wenn wir ein bisschen mehr davon zuließen, wäre das ein erster Schritt.

Auf den ersten Blick unterscheiden sich die beiden Ansätze wie Tag und Nacht. Der erste geht rational vor, wie Effizienzmenschen es gewohnt sind: Er identifiziert das Problem, zerlegt es in seine Einzelteile, formuliert ein Ziel und entwickelt Lösungsstrategien. Der zweite spricht zu unseren Gefühlen und Bedürfnissen, verändert unsere Sicht auf die Welt und bezieht die Erde mit ein. Doch so wie Tag und Nacht zusammengehören, müssen beide Herangehensweisen keine Gegensätze sein.

Schenken statt knausern

Unsere Sicht auf die Welt hat unser Wissen von der Welt eingeengt, beginnend mit der Sesshaftwerdung und beschleunigt in der Industrialisierung. Sie ließ nur eine einzige Antwort auf die Frage zu, wie wir die Welt ernähren können: Ertragsmaximierung ohne Rücksicht auf Umweltressourcen. Eine Monokultur der Ideen, auf der alles Fremde zu Unkraut wird. Der Erfolg hat der Industrialisierung und dem Lebensstil des globalen Nordens lange recht gegeben, weil sie sich überall auf der Welt ausgebreitet haben. Tatsächlich war dieser Siegeszug aber letztlich gar kein Erfolg, denn heute bedrohen die Folgen von Industrialisierung und Ressourcenverschwendung unsere Existenz. Und das ist weder rational noch effizient.

Doch auch die Vorstellung vom edlen Wilden, der – im

krassen Gegensatz zum ausbeuterischen westlichen Expansionismus – seit ewigen Zeiten im Einklang mit der Natur lebt, ist falsch. Indigene Gesellschaften haben wohl häufig die Katharsis der katastrophalen Ressourcenausbeutung schon hinter sich. Sie hatten in dem Moment, in dem die Kulturen des globalen Nordens sie bemerkten, ihre eigene Ökokrise schon überstanden.

Die australischen Aborigines etwa kennen wir für die Erzählungen der »Traumzeit«, der zufolge Land und Menschen in einem ewigen Schöpfungsprozess miteinander verbunden sind. Stattdessen brachten sie vor etwa 60 000 Jahren den Tod nach Australien: Der über zwei Meter große, flugunfähige Donnervogel, der tonnenschwere Waran Megalania oder der kuhgroße Riesenwombat – sie alle starben fast gleichzeitig aus, und mit ihnen viele andere Arten. Das geschah nicht etwa, weil ein Meteorit auf dem abgelegenen Kontinent einschlug, sondern weil der Mensch in ihr Land gekommen war. Es dauerte zwar ein paar Tausend Jahre, bis ganz Australien besiedelt war. Aber überall, wo *Homo sapiens* hinkam, verschwanden kurz danach die großen Tiere. Die Jagd könnte eine Rolle gespielt haben, noch wahrscheinlicher sind aber die Brände, die von Menschen überall gelegt wurden, um das Graswachstum anzuregen und Herden anzulocken. Dadurch veränderte sich die Vegetation, was für die Riesenvegetarier, die meist so wie die heutigen Koalas einen sehr eingeschränkten Speisezettel hatten, schnell das Ende bedeutete. Ohne große Pflanzenfresser fanden auch die großen Fleischfresser keine Beute mehr – und verhungerten.

Es passt auch nicht in das westliche Klischee von Naturvölkern, was die Māori vor etwa 800 Jahren auf Neuseeland anrichteten: Dort fand das große Artensterben erst um 1400 statt. Wenige Generationen nach ihrer Ankunft hatten die Menschen bereits die neun bekannten Moa-Arten, die flugunfähigen neuseeländischen Riesengänse sowie alles andere, was sich einfach bejagen ließ, gekillt. Knochenfunde aus jener Zeit belegen, dass viele Māori damals unter Gicht litten – ein Hinweis auf übermäßigen Fleischkonsum.

Auch in der Neuen Welt verschwand die dortige Megafauna innerhalb kurzer Zeit. Alle Kamele, Riesenfaultiere, das Rüsseltier Mastodon oder das schwergewichtige Wollmammut starben aus, als sie gleichzeitig von einem Klimawandel und den ersten Uramerikanern heimgesucht wurden.

Jede Gesellschaft hat Ökosünden auf ihrem Konto. Einige sind daran zerbrochen, andere haben aufgrund ihrer Erfahrungen ihr Verhalten geändert. Letztere sind die, die überlebt haben. Von diesen Völkern können wir durchaus lernen: Wie man sich anpasst, wenn die Natur einfach nicht mehr hergibt. Wie man überlebt, wenn Wachstum nicht mehr funktioniert.

Was wir mit unserem Buch zeigen wollten: Das Wohlergehen der Menschheit und das der Natur stehen sich nicht gegenseitig im Weg. Wir können nur überleben, wenn auch die Natur gesund ist, wenn sie uns ihre Biosystemdienstleistungen auch weiter zur Verfügung stellt. Dabei geht es nicht darum, dass wir uns einschränken oder etwas aufgeben. Wir können sogar dazugewinnen.

Heute laufen Diskussionen über die Ernährung der Zukunft oft so: Technikgläubige Effizienzmenschen schimpfen auf naive Idealisten, die von einem Ökoparadies träumen. Bio-

Freunde sehen dafür in Fertigpasta und Fast-Food-Ketten Erfindungen von Teufeln, die uns vergiften und die Erde umbringen. Vielleicht stimmt beides ein bisschen, aber auch nichts davon so richtig. Wer eine Seite ablehnt, beraubt sich selbst der Hälfte der Optionen.

Was wir stattdessen brauchen, ist eine neue Form der Landwirtschaft. Eine, bei der eine Vielfalt von Methoden zum Einsatz kommt. Nicht ein Prinzip für alle Gegenden der Erde, sondern immer angepasst an die Bedingungen vor Ort. Und das schließt ökologische Methoden mit ein, die nicht nur etwas für Träumer sind, sondern, im Gegenteil, für Realisten – denn nur so wird die Erde uns weiter ernähren.

Wir haben gerade erst begonnen, altes Naturwissen wiederzuentdecken und ganz neues zu erwerben. Wissenschaft und Technologie sind dabei keine Feinde, sondern Verbündete. Sie bieten heute so viel mehr Möglichkeiten, die Nahrungsproduktion zu verbessern als noch zu Zeiten der Kunstdüngererfinder Haber und Bosch oder des Biotechnologen Norman Borlaug in der grünen Revolution. Wir haben ihr Potenzial noch lange nicht ausgeschöpft. Es ist Zeit, dass ökologisches Wissen und technologischer Fortschritt zusammenwachsen, dass industrielle Landwirtschaft und Agroökologie in Mischkultur gedeihen, damit sie sich bereichern wie die »Drei Schwestern« Mais, Bohne und Kürbis auf einem gesunden Feld.

Wenn wir die Landwirtschaft ökologisch gestalten, aber gleichzeitig nicht auf effiziente Produktion verzichten, könnten wir unsere Lust an fettiger Bratwurst und zuckrigen Schokoriegeln ohne allzu schlechtes Gewissen befriedigen. Und zwar dann, wenn wir das, was wir über Agroökologie wissen und noch lernen, auf die Massenproduktion anwenden. Wir können unsere Nahrungsmittelindustrie so umbauen, dass sie die Erde bewahrt, statt auszubeuten. Eine Tiefkühlpizza wäre dann etwas, das wir uns ab und zu gönnen und mit Genuss verspeisen – und sie nicht schnell in uns reinschieben und die Hälfte vielleicht sogar wegwerfen, weil sie ja sowieso nur ein billiges Massenprodukt ist, für das man sich heimlich schämt.

Das hätte auch andersherum einen Effekt: Je mehr wir die Nahrung wertschätzen, mit der uns die Erde versorgt, desto besser werden wir uns auch dem Planeten gegenüber verhalten.

Dafür bringen Verbote und Sanktionen sehr wahrscheinlich weniger als Genuss und mehr Freude am Essen. Dann streiten wir vielleicht auch nicht so viel darüber, wer sich richtig oder falsch ernährt oder wer die beste Lösung hat. Dass wir uns heute so stark mit unserer Nahrung auseinandersetzen, ist kein Wunder. Es kommt aus dem Bedürfnis, wieder eine Verbindung zu unserem Essen zu entwickeln. Und im Innersten wünschen wir uns, dass es eine harmonische Beziehung ist.

Wir müssen nicht sparen und knausern, sondern wir dürfen großzügiger werden. Untereinander, uns selbst gegenüber und der Natur gegenüber. Dann werden wir die Erde gesund essen.